HAIDILAO MANAGER'S DIARY

海底捞店长日记

十年回望版

李顺军 著

中国出版集团 東方出版中心

图书在版编目（CIP）数据

海底捞店长日记：十年回望版 / 李顺军著. —上海：东方出版中心，2020.10（2020.12重印）
ISBN 978-7-5473-1701-3

Ⅰ. ①海… Ⅱ. ①李… Ⅲ. ①日记－作品集－中国－当代②李顺军－生平事迹 Ⅳ. ①I267.5②K825.38

中国版本图书馆CIP数据核字（2020）第194315号

海底捞店长日记（十年回望版）

著　　者　李顺军
策　　划　文字力量
责任编辑　马晓俊
封面设计　今亮后声 HOPESOUND pankouyugu@163.com · 张张玉

出版发行　东方出版中心
地　　址　上海市仙霞路345号
邮政编码　200336
电　　话　021-62417400
印 刷 者　山东韵杰文化科技有限公司

开　　本　710mm × 1000mm　1/16
印　　张　17
字　　数　162千字
版　　次　2020年10月第1版
印　　次　2020年12月第3次印刷
定　　价　68.00元

【十年之前】

我与海底捞

我还记得第一次请同学在西安海底捞吃饭,海底捞员工的工作状态深深地打动了我。我当时对同学说:我要是能有这样的员工,那还有什么事情干不成?

大学毕业后,从南宁、桂林、深圳、温州,最后到北京,像有人特意安排似的,我辗转几千里最后来到海底捞,当上了一名服务员,刚开始月工资1 080元。我不是没有后悔过,因为这里与我在广西或者温州的工作相比,不但不体面,而且待遇相差大,也更辛苦。

2007年,我大学毕业。几经波折后,走出校门时“不可一世”的心态已完全被现实击碎。刚进海底捞时,尽管我很喜欢那里的氛围和文化,但心中还是不下百次地想着要离开。这里太苦、太累,完全没有自己的时间,还要受到许许多多的约束。对我来说,进入海底捞是我2007年毕业以后的最低谷。

可是最终我留了下来,我认识到自己太需要磨炼,而海底捞是一个难得的磨炼自己的平台。从学校出来,我身上的浮躁、狂妄、焦虑和不切实际的幻想,让自己经常找不到东南西北。我最大的问题就是心态不端正。在海底捞工作固然很辛苦,压力也很大,但是周边的人会时刻监督和帮助我,没有比这里更好的锻炼自己的平台了。我这样一想,心态就平和了许多。

当我放下自己所有的虚荣心、面子,踏踏实实地做事时,工作一步步有了起色，我从服务员做起，到迎宾、店长助理、大区经理助理，再到前厅领班、厨师长、前厅经理、实习店总，似乎走得很顺利。这个过程中，海底捞给予了我很多教诲和激励。我不但领悟到了先进的管理理念，学习了许多好的管理技能，还懂得了一些难得的做人准则。海底捞教会了我：真诚、谦虚、正直、善良、感恩、激情、付出、勤劳、务实、专注……在海底捞，有愉快、有痛苦，也有我意想不到的一些收获，它就是我的第二所大学，我事业的起跑线。虽然最后我离开了海底捞，但我一直把自己当成一名海底捞人，用海底捞的一些标准来要求和检视自己，海底捞精神已深入我的血液和骨髓。在工作和生活中，我也用在海底捞学习到的一些优秀理念来引导自己。

在海底捞工作的几年中，我最大的收获就是：一个人想成功，一定得踏实做人，认真做事。尽管海底捞是一家餐饮企业，但它已经远远超越了餐饮的范畴。在我心中，海底捞是一家伟大的企业。海底捞倡导用双手改变命运，倡导人生而平等，倡导孝敬父母、忠于爱情、真诚不欺……在海底捞，不论年龄、不论学历、不论长相，考核人的关键就是员工是否勤劳、品德是否端正。就这样，一批批原本平凡的人在海底捞成长起来，成为让人刮目相看的优秀人才。也许有不少企业也在倡导这些优秀的理念，但像海底捞这样，从董事长到基层管理人员都信奉并彻底执行企业价值观的企业，实在不多！我一直为自己曾在这样的企业工作过而感到骄傲和荣幸。

离开海底捞后，我总感到亏欠了些什么，除了给周边的朋友讲海底捞的“好”之外，也想把自己在海底捞成长的点点滴滴与大家分享，更想真实地展现自己在海底捞收获的一切，因此，就有了这本书。这本书是我对海底捞的真实认知，是自己在海底捞磨炼过程中的真情实感，也是自己对人生历练的真切体验。

李顺军 2011 年于北京

【十年之后】

继续做那个真诚的自己

2010年离开海底捞，至今已有十年。如今我是一家企业的联合创始人，也是知名管理咨询公司华夏基石的高级合伙人，但我所有的一切都得从海底捞说起。

十年后再看海底捞这段经历，依然充满感动与欢乐，也伴随着痛苦与折磨。然而这段经历，奠定了我做人做事的底色。一个优秀的企业，一定不只是商业的成功，而是更多人因它而改变。海底捞即是如此，在我心目中它是一家伟大的企业。

首先，这本书记录了我在海底捞收获的一切，是一个普通人如何在一家成长型很强的公司里自我蜕变的历程，在平凡的岗位上如何迈向卓越的历程。我很真诚地记录自己的缺点、问题、毛病，它可能是浮躁、自卑、清高、傲慢、情绪化、自以为是等等问题，但在海底捞的近三年职业生涯，我产生了很大的转变，养成了很多良好的职业习惯、思维方式、做事态度等。

其次，海底捞的成功不是偶然，而本书所记录的2007年到2010年，这段时间也是海底捞发展非常关键的三年。企业由“人治”逐步走向法治，走上公司化治理，这也是值得我们很多企业学习的。透过一个员工成长历程，我们可以看到企业变革的点点滴滴，以及文化落地的过程、管理的呈现，或者组织行为特征的显现。海底捞在2007年到2010年这个阶段，正好是处于中型民营企业且年销售额在20个亿左右的这样一个规模、阶段，它的管理经验与对其的反思，是值得大多数民营企业学习的。

内行看门道，外行看热闹。有些读者，读到这些日记时，就会觉得文采跟学生日记一样，但他们应该看到这背后的管理深意，并希望能进一步理解到简单普通文字背后的人生历练的思考。尽管那时的文字很粗糙、很稚嫩，却是作者满满的真诚与真实，这就是最大的力量，也是这本书得到大家认同的关键。

在此，在离开海底捞十年之际，我继续做那个真诚的自己，回头看看自己，针对每条日记重新逐条点评，来解读它背后的管理深意，找到背后关于管理、组织、领导力等相关管理原理，同时找到关于职场发展、自我成长的本质，以及毫无保留的自我反思。

所以，读者朋友们，要想真正读懂海底捞，还得从读懂《海底捞店长日记（十年回望版）》开始。

李顺军 2020年于北京

目　录

三　在工作中成长 / 95

人生只有经历了“逆境—顺境—再逆境—再顺境”的过程，才算完成了哲学意义上的“否定之否定”，内心才会开始变得强大起来。

四　真诚是事业的基础 / 143

同事之间携手并肩靠的是什么？我认为是真诚。唯有真诚，才能够让大家脱掉伪装，放下成见，互相帮助，共同提高。天底下的难事，有许多都是因为人们之间的误会和猜忌造成的……同事的评价是一面镜子。我们对人真诚，反馈回来的也是真诚。

五　打造核心竞争力 / 187

情商高不高，一个很重要的表现就是自己能否持久感受别人的喜怒哀

一
加入海底捞

我像一个呆头呆脑的丑小鸭，一点点从懵懂走向清醒。我从接受海底捞的热情和真诚开始，继而接受海底捞的责任和约束。成长不只是释放天性，更重要的是，要学会将精力聚焦，聚焦到自己喜欢和擅长的事上，把所有能量集中到一点上，发挥出最大的潜力。

1. 顺利上岗

应　　聘

2007年
10月10日

这是我第二次来北京。

匆匆的人群、拥挤的车辆、灰色的天空、粗壮的高楼，让北京显得非常喧嚣。

我来到了海底捞白纸坊店，参加员工招录面试。面试完毕，我顺利地被录用。过去半年起起伏伏的职场生活，磨掉了我的许多信心。我尽量表现得低调谦虚，以防止被别人讨厌，将我从海底捞踢出去。

我应聘的岗位是服务员，也就是端盘子的“底层工作”。我压根没想到，自己现在连应聘服务员的信心都没了。一个大学生，在工作大半年后，又要从一个基层的岗位开始。真不知道我是从哪儿来的勇气！

不过，这里做服务员跟别处不一样，在这里做得好，未来会有希望，因为这里的干部都得从服务员做起。就像大学舍友兴隆分析的，对我来说，通过一年的努力，晋升到更高职位是没有问题的，眼前辛苦一下也没关系。

可应聘结束后，当人事部门告诉我基本工资才1 080元时，我的第一感觉就是彻底崩溃！这个工资水平，几乎比我前两份工作的收入都低了一半，我为什么要来这里？

我仔细想了想，最后决定还是接受这个现实。当自己落魄时，当个服务员都好像很困难。既然来了就干干看吧。

面试结束后，新员工就要到基地参加培训。培训，我还是很感兴趣的。怀着一种期待，在几个小时的公交车上打了无数个盹儿，我们终于到了终点站。看到周围低矮的建筑，我的美好期望顿时泡汤了。

这是一个特别偏远的村子，很破，完全没有大都市的感觉。它让我想起了大学时的瓦胡同村。以前，每次进瓦胡同村，我都感到有些悲哀。看到那里进进出出的人们，我就会觉得人生很没劲，我希望自己毕业后一定要远离这样的地方。然而，辗转半个中国来到大家都羡慕的北京，却要在这样一个地方接受培训！心很凉，想放弃。可是又想了想，还是坚持去看看吧！实在不行，再走也不迟。

绕了几圈，我终于在一个巷子里找到了培训的地点。

和外面的环境不同，一进门，映入眼帘的是一座漂亮的小楼，二楼的玻璃都挂着紫纱帘子。进入楼内，地面干净整洁。

人事部的老师热情地接待了我，安排我住进了二楼的一间小屋。

当我搬东西进入宿舍时，我发现宿舍里面也很清爽，没有一点异味。淡绿色的被子叠成“豆腐块”，整齐地摆放着，每张床的墙上都贴着被子的折放标准。褥子也铺得很平整，床下面的鞋排着队似的整整齐齐。窗台前放着一张茶几，铺着漂亮的粉色台布，上面放着一瓶花。宿舍里还有饮水机和空调等电器。

我很诧异，很难想象这是一个火锅企业的培训基地。

放下东西后，我接了一杯水喝，顿时一股温馨的幸福感溢上心头。一个企业能把培训基地弄得这么规范，真让我大开眼界。光这一个学员宿舍的设计和管理，就有太多值得我学习的地方。

到了饭点，老师带我们过去吃饭。餐厅不大，很整齐。大家排着长长的队准备打饭，看到打完饭的同事从身边走过，我更惊讶——除了饭菜特有的香味外，他们的盘子里都放着一个大大的鸡腿。想着刚进村时的感觉，我很庆幸当时没有冒冒失失地退回去。

我决定留下来好好地参加培训，这个地方似乎没有白来。

【回头望——自我感悟】

整整11年过去，我从一个迷茫的大学毕业生，到今天能完全掌控自己的命运，做自己喜欢的事情，见自己喜欢的人，写自己想写的文章，这一切似乎都得从这次应聘说起。那种由希望，到失望，再到希望的复杂情绪组成的追梦起点，成了永远磨灭不了的记忆情节。

从心高气傲的大学生，带着毕业就能改变命运的幻想闯入社会，到受到狂猛惊吓让自己慢慢认清现实；从一次次跑招聘会总想应聘管理职位不断被打击，到面试迪通做储备店长，跟广西区老总吵架愤然离职，跑到温州美亚特汽车配件公司做总经理助理兼两条生产线部长，后来折腾到海底捞应聘服务员，职业预期一路下跌。

刚毕业时那种要干大事的锐气和自信彻底被挫没了。

当连当个服务员都害怕被劝退时，这就是人生的新起点。不再把自己当个人物，不再把大学生看成高人一等，好高骛远与自以为是变成踏实勤恳后，你就接纳了原来不能接纳的现实。

海底捞在团河村的培训基地，位于京郊的农村，从市内坐公交得一个多小时才能到。很多北漂都经历过从北京城的天堂到京郊现实的过程，一切都不如你想象的完美，有的都是残酷的现实。而海底捞温馨的宿舍和丰盛的员工餐，让你在这失落的低谷看到了尊重和温暖，也看到了一丝希望，竟莫名感动。

第一次获奖

2007年
10月14日

培训的课间，我看到大门口有一个空瓶子，就随手捡起来扔进了垃圾桶。这时上课铃响了，老师开始讲话。他说，今天要表扬一名同学，他的名字叫李顺军。老师当众表扬了我在门口捡瓶子的事情，并且奖励了我一双袜子。没想到，这样一个自然的小举动，还会得奖！

这一节课，我很激动，虽然只是奖了一双袜子，但比奖100块钱都让我高兴。

这几天我被海底捞的企业文化吸引住了，特别认同。我没有想到，**还会有这样一个企业教你怎么做人，教你怎么用勤劳的双手改变命运。**企业文化的许多理念都是中华传统美德，如孝敬父母、忠于爱情、真诚不欺等。我的理想就是能拥有一家这样的企业，可我只能停留在思想上，而别人已经付诸实际行动了。

这几天，班上不断有人被劝退。最初是几个刚来的大专生。他们上课时特别狂，不做笔记，显得不可一世。老师批评时，他们还傲气地歪着头，显得不屑一顾。

看到他们的样子，我觉得他们特别可悲。只不过是多上几年学，你们有什么好狂的？不过这也给我提了个醒，我要更加小心谨慎，别让老师觉得我高傲而把我赶走。

【回头望——自我感悟】

人性深处，人都渴望被认可、赞美、嘉许，而我们许多好的行为，也慢慢通过激励固化成习惯。海底捞这次对我的表扬，是刻意设计，通过类似的不断激励，激发员工向企业价值观靠拢。其实就是“洞悉人性，激发人性”，也就是德鲁克讲的管理的本质是激发人的善意。

然而，很多父母和管理者，都不会激励，他们往往通过批评、控制、攀比，消磨孩子和员工的斗志。

实　　践

2007年
10月17日

培训进入了实践环节。我按照培训老师的要求，很用心地去给客人服务，加汤、上菜、换碟子，忙得不亦乐乎。

分管我的师傅对我挺好，很用心地给我讲，什么时候该给客人加汤，什么时候该给客人换碟子。

我学得也比较快，师傅一直夸我。看到同来的几个同学还不好意思去给客人服务，我很有成就感。下班后，培训老师给我们作了总结，好几个同学都被奖励了一瓶小果粒橙。我担心小果粒橙被发完了，期待着培训老师早点念我的名字。可一直等到小果粒橙发完了，培训老师还是没有念出我的名字。

我很郁闷。

如此努力，而且我是一个大学生，我为什么就没有他们做得好？我心里很不服气。

几天下来，我过着“别人吃着我看着，别人坐着我站着”的生活。我放下了所有的面子去尽力给客人服务，同时暗自失落。

我感觉特别累，明天就要分店了，不知自己最后能否被录用。

但是，只能放下焦虑，努力去做，我想我一定能做好的。既然选择了这条路，那就好好走吧！

同样是人，同样都有双脚、双腿，为什么我就做不好？如果我连盘子都端不好，就别谈做企业家什么的，那只会是个空想。

我现在只是实践而已，每天都可以比老员工早下班一个多小时，而他们还得坚持到最后，要辛苦很多，但从来没见他们有厌倦的表情。他们总是热情洋溢。我很佩服他们。如果我有他们的精神，相信自己一定能做得更加优秀。即使我不再做餐饮这个行业，做其他事情也会非常成功。

这几天很累，但过得很充实，当忙起来时，胡思乱想的东西就少了，心里也就安静了许多。

已经很晚了，我用手机的一点亮光写着日记。我该如何告诉家人和朋友们，我正在做着服务员的工作？如果爸妈知道我在做服务员，他们肯定会失望透顶，他们指望我毕业后能很快让他们过上好日子呢！他们期待我可以扬名乡里，可是……

【回头望——自我感悟】

我不好意思告诉父母和同学自己在做服务员，尽管认可海底捞，也想在这里好好发展，但依然觉得自己干的工作很耻辱。唯一支撑我的是：如果能把这份工作做好，做其他事情也会成功。这是在给自己寻找意义，可谓职业底层的“自我意义疗法”。

这是人性虚荣的部分，尤其对处在社会底层的人，往往更加明显。他们渴望被尊重、出人头地、改变命运，作为企业，如果能给到他们应有的尊重，把他们当人看，而不是当成奴隶和工具驱使，就已经超越大多数企业了。

而海底捞今天成为千亿元市值的企业，尊重员工这点起到了关键作用，它也是海底捞员工虽然工作很累但却依然保持热情和激情的底层密码。

上　　岗

2007年
10月18日

顺利上岗，晚上被分到北奥店。我们一下车，店里的同事就来迎接我们，东西都被抢着拿走了，还不停地嘘寒问暖，我有点不习惯这里的热情。我只是一名服务员，有点承受不起这里热情的接待。大堂经理给我们准备了丰盛的饭菜。店经理不在，他在电话里对我们的到来表示欢迎，电话听筒传来的有些沙哑的声音让人倍感温暖。

我对未来还是充满了信心。2007年对我来说是走下坡路的一年，我由一个管理人员变成了一个端盘子的服务员，人生真的很富有戏剧性。我想，这是上天故意在折磨我。如果你太狂，上天就会惩罚你。刚走出校门时的那种"老子天下第一"的感觉全没了！如何生存下来，掌握更多的技能，这才是最重要的。沉沉浮浮快一年了，自己到底能做什么？我自己都回答不上来。这次服务员的经历对我会是一次很好的磨砺。成与败，都不重要。

休息吧！准备全力迎接明天的工作。用双手改变命运，明天将是新的开始、新的起点，也许这是人生的一次转折！

【回头望——自我感悟】

这又是海底捞尊重员工的体现，大多数企业只有新来的高管才会受到如此隆重的接待。在北京这个陌生的城市，在人生的低谷，海底捞用一点一滴的行动不断温暖员工。

到今天，以上这些培训、实习、分店等情境都历历在目，回忆起来是甜的、有温度的。我在自己的企业也一直在践行这些有温度的细节，但远远没有做到极致。做企业就是下笨功夫，一点点把有温度的细节夯扎实，我相信我们能做到。

在海底捞一点一滴的磨炼，把我身上的浮躁、傲慢和清高熬没了，换来的是踏实、务实，这是一生的财富，这是金钱买不来的。年轻时吃点苦头，后面就少吃点苦头。

2. 从服务员干起

我的师傅

2007年
10月19日

今天第一天上岗。下午全体员工例会时，店总明哥让我们上去做了自我介绍。我们自我介绍完后，下面员工一片欢呼，像他们的亲人来了似的，非常热情，让我有种不习惯的温暖。会前培训老师告诉我，把店长叫"哥"是大家对店长的一种尊称。其实，按照常规应该称呼他为明总或明店长，但海底捞为了让大家感受到亲情的氛围，体现公平公正，就要求同事之间不得称呼职称，相互之间都以哥姐相称，即使称呼张勇董事长，大家也都亲切地叫他"张大哥"。在这里，管理人员穿的服装都跟大家一样，甚至店总有时也会穿着服务员的衣服给客人服务。这种状态让我大开眼界。

在我们都介绍完后，老员工用特有的海底捞欢迎仪式欢迎了我们。

他们以手抚心，弯腰致意后高声喊：新员工下午好，海底捞北京四分店欢迎您！新员工下午好，海底捞祝你工作开心……当他们喊了几遍后，我的内心有股感动，旁边有几个一起来的新同事都流泪了。看到全体员工那么真诚的目光，加上这种特有的海底捞礼，我知道他们是真心地欢迎我们。我见过不少的团队，但还没有见过这么真诚的团队。我被这个即将融入的团队的热情深深感染。他们的目光是如此的清澈、如此的亲切，我的选择没有错。

这里的一个老员工刘媛成了我的师傅。每天上班、下班都得叫她师傅，我一开始觉得挺别扭的。一朝为师，终身为父，虽然不太习惯但也得叫。刚开始，她让我站在边上看她怎么操作。每来一桌客人，她都送上灿烂的微笑，跟他们热情地以哥姐相称，动作敏捷利索，特别地开心。我想，如果她去干别的工作也一定会干得很出色，我一定得跟她好好地学。我在旁边站着看了一会儿，看得心里直痒痒，特别想亲自动手去操作。在我的请求下，她让我试着去给客人服务。当我很自信地去盛汤时，她当着客人的面大声地告诉我做得不对，并且对客人讲，对不起，这是新来的员工，请大家别见怪。我很恼火，我讨厌别人说我不好，尤其是当着客人的面，感到特别没有面子。但是，刘媛自己却做得那么优秀。看来，要想做得好，还是得虚心接受她的指导。一切“忍”字当先，没有别的选择，只有坚持。一切以学习为重，海底捞的文化可以让我汲取很多营养，对我以后的发展更有利。

这几天，除了这个能干的师傅不停地唠叨外，就是特别的累。还好，因为我是新员工，每天都可以早下班。

【回头望——自我感悟】

尽管这个师傅很叨唠，当着客人面说你做得不好，而且因为她对新员工不够亲和，经理还找我们调查她并批评她，我清晰地记得经理批评完后她哭了。但这个师傅的形象现在也历历在目，进入一个新环境有人教有人带是非常幸福的事情，这可能让你记一辈子。由此可以看出，在员工入职的开始，领导密切关注是非常重要的，如果不是经理的关注我们很可能因为对这个师傅不满而离职。新员工入职，接触到的同事以及直接领导，直接决定着他们能否留存，这是管理的重要入口。

在海底捞，从新员工到后来进入管理层，一路都有师傅陪伴。师傅不光教你技能，更重要的是把他们的经验传授给你，还会教你为人处事的道理。

海底捞很重视师徒制，可以说是把中国传统的师徒制传承得很好的一个现代企业。他们对师傅是有管理的，就像我们入职的第一个师傅一样，管理层不定期会调研新员工，询问“师傅待你如何”。后来，海底捞还要求后面晋升到管理层的员工，每月从工资中拿出一部分钱来感激当初的那个师傅（前提是师傅还是普通员工）。

奖　　励

2007年
10月23日

刚来几天，我获了两次奖。

一次是前厅经理黄姐在前厅例会上奖励了我一个苹果。黄姐当着所有前厅同事的面，表扬我服务很用心，同事们给予了热烈的掌声和欢呼声。在这种情形下，我很惭愧。

其实相比其他同事，我为客人服务得并不算好，也算不上用心，前天值台还被客人投诉了。当时，一同来了两桌客人，我一个人同时为他们上菜、盛汤、上调料，根本就忙不过来。客人还一个劲儿地叫服务员，支使我干这干那，我心里特别的别扭。保洁阿姨看我不在状态，很严肃地把我拉到一边说：“刚才客人投诉你了，精神起来！服务好点，过去道个歉！”我感到难为情，但还是硬撑着去给客人道歉并解释刚才的失误。没想到客人很不屑地说：“新来的吧！”我答应了一声，接下来不知道该说什么，刚好旁边的客人叫服务员，我就离开了。想想获得这个苹果，觉得名不副实。不过，矛盾归矛盾，我还是很开心，毕竟这是第一次被前厅经理当着这么多人的面表扬，接下来的工作一定要干好。

还有一次是领班崔姐奖励了我一块香皂。是头天下午，在包间组开会时，领班崔姐表扬并奖励给我的。她慷慨激昂的表扬话语和那块小小的香皂，让我内心兴奋不已。每个人都希望得到别人的认可，尤其是在公众面前。在这种表扬下，我现在特别有动力，服务流程已经掌握得非常好了，有些成就感。

今天店里组织我们新员工到天安门广场玩，大家玩得很开心。有几个新同事死活拉着老外照相，弄得一对外国情侣摸不着头脑，连连说“No”。黄姐像个小孩子一样嘻嘻哈哈，完全没有了领导的架子。一路上，我们像放出笼的小鸟，叽叽喳喳地说个不停，一边走一边开着玩笑，有的同事还打闹起来，完全的放松和放纵。尽管有行人像看怪物一样看我们，但我们依然如故。

玩到下午，我们准备往回走，去踅摸一个好吃的地方，然后饱餐一顿。就在我们兴致勃勃地讨论去哪里吃饭时，明哥来电话说店里来包席了，很忙，让我们回去帮忙。想着肚子还饿着呢，还要回去上班，有点扫兴。

我们打了几辆车，很快就到了店里。店外排满了人，几十桌包席乱哄哄的，正在进行中。大家换上工装，顾不上还没吃饭，就投入工作中。

【回头望——自我感悟】

海底捞把激励运用得很到位，从培训到入职工作，都会有一系列经过精心设计的激励。对于普通员工来说，管理层开批评会很常见，但在海底捞基本上是以激励为主，因此大大小小的激励很多，而且开会一般都是表扬，公开批评很少。当然，触犯企业底线的错误，也会被公开批评。

在我被客人投诉时，一个发毛巾的阿姨会着急，并出面解决。她当时不光让我去道歉，还去给客人安抚解决。在海底捞“人人有事做，事事有人管”，彼此分工不分家，也就是在岗位分工的同时大家能很好地进行协作。

分工协作对于很多企业来说是很难，尤其是越大的企业越难实现。因此分工协作，也是检验团队的一个关键考量，无疑海底捞是一个好企业。

泡　　脚

2007年
10月26日

实习期过了，大家都是正式员工了，进入了正常的上下班时间。一天十几个小时下来，脚都肿了！一起来的女孩子有的都哭了。好在我是从农村来的，加上小时候不喜欢读书，成天跟在老爸后面上山锄地，已经习惯了劳作，这点苦我还能忍受。能忍受苦，但不代表不累，时间长了感觉越来越累。中午下班就不想往宿舍走了，有时就在更衣室里找个大衣裹着睡一会儿。一躺下我就进入梦乡，直到店歌响起，几次都差点迟到。晚上下班很晚，回宿舍倒头就睡，连澡都不想洗。

除了累，整天都是忙，没有多少时间是属于自己的。想想以前那些比较轻松的工作，真不知道这次的选择是否正确。现在，我跟同学也不敢联系，怕同学笑话；跟家里也不敢说，怕父母失望。

现在我几乎成了工作的奴隶。这样的生活有意义吗？我悄悄地生出了不想干的念头。

正在我想着不干的时候，店里的管理层来宿舍看望员工，主要是看望我们这些新来的。他们带来了泡脚的药，并亲自帮员工泡起了脚。我突然想起小时候妈妈给我洗澡的情景。我不知道是被这里的氛围给感染了，还是小时候的情景勾起了心头脆弱的回忆，眼睛不知不觉地潮湿了起来。海底捞的氛围和家里很像，在这里也能感受到亲人一般的关怀，我还是应该在海底捞干下去。

我想，虽然我现在做的是服务员，但这个岗位能让我感受到许多新东西。既然选择了这里，不管怎么样，一切“忍”字当先，不能有别的选择，必须坚持，一定要在这里混出个人样来！还有就是要学习，海底捞的企业文化让我体会到许多，我要不断地汲取营养，为以后的发展打下良好的基础。

【回头望——自我感悟】

海底捞的生意很好，我们的工作时间很长。如果不亲自体验过，你是完全想象不到那种苦的，更想象不到那种不是一般艰苦的基层生活。这为自己后来做高管和创业，建立了很好的基层视角，能让自己更好地去理解员工，而不是站在管理层高高在上的视角做决策。

员工关怀是海底捞非常注重的一个管理要点，他们把这叫亲情化工作。当你脚疼时，管理层拿药并亲自给你泡脚，在这种关怀下，你会有更强的归属感和幸福感，也会触发更强的工作动机。

管控与关怀，可以说是管理这枚硬币的两个面，缺一不可。如果只是一味地去管控，而缺乏关怀，组织是不会有活力的。

挚友陈志碧

2007年
10月28日

今天下班回宿舍时，陈志碧正在上网，他在下载老鹰乐队的《加州旅馆》。他比我先来海底捞。可能同是大学生的缘故，我们聊得比较多。

这几天，我的内心一直比较焦躁，去还是留的问题时刻伴随着我。可是当我们一起聊天时，内心就会平静许多，烦恼的事情也会被抛到脑后。我在想，何处才是我寄托灵魂的“加州旅馆”？上学时，我有许多的爱好：读书、写作、玩吉他、爬山、写毛笔字、写日记……现在的生活是痛苦地起床、上班、吃饭、睡觉，原来的爱好只剩下写日记了。每天下班后，打开本子吐苦水。我不想给任何人讲我的纠结，估计也没人爱听，所以这本日记就是我寄托灵魂的“加州旅馆”。

一个人身边能拥有一个志趣相投、经历相似、想法相近的朋友不容易。服务员的工作很苦，但很幸运我能认识陈志碧。他也喜欢弹吉他，且比我弹得好。我们都喜欢用吉他弹奏许巍、汪峰的作品；他也喜欢文学，我们都喜欢从文字中汲取营养。相信这是一种缘分，虽然相识不久，但在心中我已经把他当成我的挚友。休假时，我们一起弹吉他，把许巍的歌一遍遍地嚎个没完。许巍那苍劲的歌声及他北漂奋斗的故事，时刻激励着我们。

“青春的岁月/我们身不由己/只因这胸中/燃烧的梦想/青春的岁月/放浪的生涯/就任这时光/奔腾如流水/体会这狂野/体会孤独/体会这欢乐/爱恨离别/体会这狂野/体会孤独/这是我的完美生活……”

【回头望——自我感悟】

一个同事，一个朋友，一个好哥们，能消解很多无聊与痛苦，有时身边同事的影响比管理者更大。管理者要学会利用这种非正式的群体影响力，帮助员工建立归属感。

有些管理者很愚蠢，除了正式的组织外，不允许员工进行非正式组织活动。其实，非正式组织活动，能更好地弥补正式组织的不足，关键看组织或管理者如何引导。

3. 店长助理

秘　书

2007年
10月30日

今天我被安排做明哥的助理，协助他处理一些文字及管理上的工作。工作主要是协助店长起草工作总结、收集优秀案例、下发各种通知通报、处理邮件、协助店长观察各级管理层的表现……工作很杂。平时我还得值台，所以这也就意味着大家都下班了，我还要利用业余时间来做这份工作。比以前更累了，但我比较喜欢这份工作，这样我可以近距离地跟店长学习很多东西，累一点也值。

今天比较开心，总结一下自己这段时间的感受：

第一，不要和客人闹情绪，哪怕再差的客人，你也得充分地尊重他。再差劲的客人也会因为你的尊重而变得友好起来，以德报怨是最好的服务之道。

第二，前几天客人从锅里吃出半截牙签，我道了歉。得知他们喜欢捞面，我送给他们两根捞面(街舞撑面)，客人很高兴地接受了。只要你对客人好，出错了也不要怕，根据客人的需求适当予以满足，事情就可以圆满解决。

第三，当你忙起来时，心中只有工作，会去除许多杂念，时间也会过得很快。显然对我们这些年轻人来说，忙点会让我们更好地成长。在温州时很闲，但我成天胡思乱想，弄得自己很颓废。我的自律性还很差，需要压力，不能让自己太轻松，否则就会变得散漫。

第四，奖励和鼓励是工作的极大动力，尤其是我们这样高强度的工作，没有鼓励就像人没有魂一样，大家干起工作来就会没有劲儿。

第五，当你抱着学习的态度时，工作累点也没关系，也能欣然面对。当然首先公司得值得你学习。如果你觉得自己摊上了苦命，那就别怕辛苦，把苦吃尽也就是甜了。我小时候成天跟着爸爸上山干农活。读完大学想着出来可以让家人风光、让自己风光，可以改变自己的命运，没想到毕业了又跳来跳去，结果又做了一份苦得要死的工作。

坦然面对吧！2007 年的这个下坡路，我把你走到尽头，也就上坡了。

【回头望——自我感悟】

无论做什么工作，当你能从中找到意义时，也就能从平凡的工作中挖出它的价值，因而能见微知著，在平凡中学到更多。这就是意义激励，尽管我当时并不知道意义激励这回事儿。

至此，那种大学生特有的清高和孤傲已经被磨得差不多了，同时虚荣和自以为是也被消减殆尽。踏实和务实的习惯慢慢生成，这是一生的宝贵财富。

大学毕业时我们带着太多幻想和虚妄，如果不磨掉这一切，是难成大事儿的。找一个不错的企业，从基层开始磨炼，咬牙坚持，这对大学生是不错的选择。

榜　　样

2007 年
11 月 4 日

原来以为当上助理了，就可以“一人之下，万人之上”。可实际上，我没有这个特权，反而我还得给这些领班服务，什么排班表、值班表、歌词誊写等都拿来让我弄。手头上的事情一多，脑子里乱得厉害，晚上时常加班到一点多钟，有时得忙到两点多。

明哥还给我讲，因为我是他的助理，做任何时候都要起带头作用，我的表现就代表着他，不可对自己放松要求。为了带好头，不丢店长的脸，在下面值台我比以前更努力，而且中午值班经理来清班，我总是说等会儿吧，让别人先走，最后值班经理干脆就忘了来清班，连续三天中午都是我在值班！值班的这几天，我的头都是懵的，从早上八点多起来，中午值班，晚上还得忙额外的工作，差不多一点多才能下班。这几天特别的疲惫！

现在压力真的很大。管理层就是员工的榜样，公司的任何要求及规范，管理层都要带头自己先做好，再去要求员工，用自己的行动去带动员工，员工才会特别地信服。而我是店长的助理，我应该更严格要求自己。虽然累了点，但这个头一定要带好，感觉自己做得还不错。

【回头望——自我感悟】

以身作则是一个人领导力展现的关键，领导力不取决于你的职位，取决你到底能为别人做些什么。这次任店长助理已经为自己领导力的提升埋下种子了。

同时通过赋予别人责任感、使命感，这更容易激发一个人。就像明哥跟我讲我是他助理要起带头作用，我代表着他，就从深层激发起了我做事的斗志。

业 余 生 活

2007年
11月6日

虽然很辛苦，但我们的业余生活还不错，店里会经常组织一些活动，如唱歌、聚餐等，这样身心的疲惫能得到一些缓解。

昨天晚上又去唱歌了。这次跟往常不一样。下班后明哥心情不太好，我和陈志碧一起去陪他唱歌。在店旁边KTV要了个小包就开唱了，没唱几首，明哥就躺在沙发上睡着了，剩下我们俩一直唱到天亮，到6点结束。我们没有回宿舍，直接去店里的儿童乐园睡觉。没睡一会儿，就8点多了，员工们陆续过来上班，我们三个人起来帮员工摆台，就这样开始了一天的工作。不知哪来的精力，竟然一天都不困，工作照样开展。

我们像机器一样疯狂地运转，因为我们都还很年轻，因为我们有梦想！明哥也刚当店长，没多长时间，他的干劲儿值得我敬佩，他经常在办公室搭两张椅子，横在上面就睡了。想想明哥那么辛苦，我这点苦就不算什么了。

海底捞的每一个人都是那么的勤劳，这是多么难得。

【回头望——自我感悟】

海底捞能取得巨大的成功，跟激发起一帮年轻人拼命工作有关。管理层都是扛着巨大的压力和责任在工作，都是在“熔炉”里经历考验，他们拼命地自我成长。

当然，在员工承受压力和辛苦工作的同时，公司也要组织一些放松的活动，让大家释放压力。

报　喜

2007年 11月10日

这几天刚做完报喜工作，就是把店里晋级的员工名单提交到公司，并且给表现优秀的员工家长打电话。明哥太忙，有几个同事的电话是我打的。家长接到电话后都很激动，我也很有成就感，觉得做了一件伟大的事情。

今天二姐很高兴地给我打来电话，说我们老总夸奖我表现不错。是明哥给我家里打电话了，这让我感到很温暖。这个电话让我心里发慌，我很怕家人知道我在做服务员。听姐姐的口气，她好像还不知道。到现在为止，我都不能坦然面对自己做服务员的现实，依然怕家里人知道。

这是虚伪的自尊在作怪，如果我能突破这一关，我想我会更加优秀。店里的许多员工都比我优秀，我得向他们学习，不能让明哥失望。

【回头望——自我感悟】

海底捞当时有报喜制度，就是给月度获得晋升的员工和管理层家长打电话，一边是感谢父母培养出了这么优秀的孩子，一边是告诉家长孩子取得的进步。

这样一个小小的动作，却能从深层激发起员工的工作热情和动力，这往往比一些物质激励还管用。也把员工的家庭跟企业连接起来，形成一个有互动的整体。

在这里，也能看出，我作为一个大学生的虚荣是非常严重的。工作了一个月了，也不敢告诉家人工作的性质。

对于大学生来说，很多时候，我们就是被这种虚荣心所害，不愿踏踏实实从基层做起，喜欢“高大上”的工作，进而失去一个个成长发展的机会。

情感关怀

2007年
11月15日

中午，客服经理蒋姐一直问我脚多大，让我有点莫名其妙，最后我还是告诉了她。晚上明哥把我叫到办公室，认可了我的工作，他说这段时间我的工作进步很大，表现非常好，所以特地奖励我一份礼物。我语无伦次，不知道说什么好。工作干得还算顺利，但也不是特别好，不懂的地方还很多，明哥的大奖让我有点无所适从。推辞了好久，明哥让我必须收下。下班打开一看，是一双档次不错的皮鞋。这双鞋得好几百元。我有些惊讶。一个没有作太大贡献的人怎么可以这么被厚待？我只是在做我正常该做的工作。除了感动，还有一点想不通。

这更多的不是奖励，而是一份情感关怀。

拿着这双鞋，我感到沉甸甸的责任，以后的工作必须干得更加出色，因为我已经透支了奖励。从此我再也没有理由想着不干的事儿了，除了全力以赴地把工作干好外，我别无选择，否则就太不仁义了。

所有的不快、郁闷、纠结现在都烟消云散，我知道优秀已经离我不远了。

【回头望——自我感悟】

领导者在带领团队的过程中，既要有公开的表扬和激励，也需要私下的情感关怀。往往私下的情感关怀，哪怕是一句肯定的话，或者是一杯咖啡，都能让员工获得极大的归属感和幸福感，这也是领导力构建的一部分。

在管理中，一定不能单纯依赖职位和权力去约束或要求他人，进行深度的人文关怀，才能激发团队深层的工作热情与动力。

明哥的麻烦

2007年
11月20日

明哥脾气很不好了，动不动就发火，员工都怕他，前厅经理黄姐也因工作不到位被他骂哭过。他压力太大。每天这么多客人来用餐，中间有无数个细节，有一个细节出问题客人都会不满意。而他和黄姐都是新上任的，许多方面经验还不足。员工现在的工作满意度也不高，有几个员工都离职了，走后打电话到公司投诉了明哥，公司也在调查这些事情。

刚来的时候，我觉得凭我的实力当个店长没有问题，通过这段时间给明哥当助理，我知道我欠缺得太多。明哥现在心理压力很大，开会时开着开着就冒火了。其实这样不好，会恶性循环，但他控制不住。晚上，我跟明哥一起出去喝酒，他让我给他提提建议。我指出了这些问题，他说，他其实早就意识到了，但气上来以后就控制不住。

看到这些状况，我帮不上忙，我也很着急。我想，一个人的性格很难一下子改变，明哥的脾气太火暴，使员工满意度不高，这样长久下去就会出问题。我建议他先从不发火开始改变自己，否则可能会面临更大的麻烦。他愿意从明天开始不再发火，并且让我监督，我感到特别高兴。

如果明哥改善一下自己的脾气，他会是一个很好的管理者。

管理很难，尤其在海底捞这样一个要求员工高满意度和顾客高满意度的企业，不但要做好对待客人的每个细节，还要做好对待员工的每个细节。这些细节加起来成百上千，要把这些小事情都协调处理好，真的不容易。刚毕业时，我认为自己可以独当一面，可以“率兵打仗”。现在想想，那时真是年少轻狂，不知天高地厚。

活在自我的虚荣浮夸之中真的太可怕了。跟明哥这么久，在理解他的同时，我也明白自己到底有几斤几两。希望明哥早点改掉他的脾气，我们一起把北奥店管理得红红火火。

【回头望——自我感悟】

随意发泄情绪就像随地大小便一样，有了这样的认知就能很好地调节情绪。

发泄情绪，往往是我们认为它管用。然而它真不管用，就像明哥发泄情绪引发员工不满一样，管理者情绪化是不利于自己管理团队的。

在一定程度上，发泄情绪是管理的大忌。同时，我们必须意识到，我们往往将发泄情绪归结为自己脾气不好，其实这是自己无能的体现——你没有能力找到更好的方法。

我自己也容易发泄情绪，看着明哥的问题，也为自己改变找到了参照。明哥也为此下了很大的功夫，让我监督他不能随意发火。

通过明哥工作中的麻烦，我理解了做管理的不易。有时，我们认为一项工作简单，并不是因为它真简单，或者你真有这个能力，而是因为你的无知无畏。所以，当你说“这简单”时，往往危险或错误也就会同步发生。

磨　炼

2007年
11月28日

现在我已经完全融入海底捞这个大家庭。明哥对我很好，让我也很有干劲儿。现在不敢说自己能在海底捞干多长时间，但我一定会珍惜在这里的分分秒秒和点点滴滴。这里不但能让我学会许多企业管理的知识，还能教会我许多做人的道理，更能让我培养自己优秀的为人处世习惯，这将使我终身受益。

来海底捞已经快两个月了，我上百次在心里嘀咕着想走，没想到能坚持到现在。这第一步对我来说就是一场胜利，我战胜了自己的懒惰、浮躁、虚荣。尽管还有许多不完善的地方，尽管我还有许多的东西不懂，但相比自己的过去而言，我现在务实了许多。既然这么浮躁，那就好好地在这个平台磨炼一下自己——用这句话鼓励自己走到今天，我还将用这句话鼓励自己继续走下去。

每个人身上都有许多的弱点，每个人都需要磨炼。现在很苦很累，但这苦和累就是磨炼自己最好的熔炉。在海底捞虽然只工作了不到两个月的时间，但我内心的感受、收获比刚进入社会的这一年都要多。这对我以后的发展成长来说，是一笔宝贵的财富，将让我受用无穷。

【回头望——自我感悟】

这是自己一个很大的转变，由浮躁到务实。因此，自己也进入了成长的快车道。

在海底捞从基层做起，自己的虚荣、浮躁使得自己无数次想离开。但企业良好的组织氛围，管理者的激励，领导的人文关怀，让自己产生了转变。到今天，在海底捞的这段工作经历依然让我很受益，为做人、做事做了很好的铺垫。

这就是好企业的价值，它不仅提供了一份薪水，还是人内在成长和认知变化的催化剂。

还有重要的一点是，人产生转变，从他对这件事赋予的意义开始。当我给这份又苦又累又没面子的工作，赋予这样的意义"既然自己这么浮躁，那就好好地在这个平台磨炼一下自己"，那么一切都开始改变了。

4. 经历是财富

优秀通讯员

2007年
12月10日

今天，公司召开了集团公司通讯员会议，我去参加了。我在店里还兼任着通讯员的职务。通讯员像记者一样，负责收稿件和写一些报道，我很喜欢干这个工作。虽然它占去了我一部分业余时间，但能与我的爱好结合起来，我很喜欢做。

会议主要是总结了近段时间的工作。因工作表现突出，我成为集团公司三位优秀通讯员之一，公司奖励了一个 iPod。我很意外自己能获奖，而且获这么大的奖！在海底捞工作，不管做什么，只要付出都会得到相应的回报，即使是一个店的小小的通讯员。每个岗位都有其存在的价值，这个价值就是由许多优秀员工创造的，而优秀员工一定是通过好的激励体制产生出来的。原本我是一个一直想要离职的员工，或者说是一个眼高手低的差员工。因为本身是大学生，餐饮服务员的阴影让我无法释怀。说实话，我不太喜欢干餐饮，每天看着别人吃吃喝喝，自己却得受一些客人的气，有时甚至会被别人瞧不起，这样一份工作，自己有时想想都抬不起头。我以前觉得自己在这里不会有太大的出息，不清楚我会有一个什么样的结果。可现在，随着一次次意料之外的激励带来的惊喜，我发现自己慢慢地喜欢上了这份工作。

从公司回来的路上，我回味着自己这段时间的心路历程，感觉收获很多。跟店里许多员工相比，我们之间最大的区别就是：我是大学本科毕业——一个自认为非常优秀但有点落魄的大学生。大学生算什么？我为什么不可以跟普通员工一样把工作做好？既然我是大学生，那我就应该更善于学习、反思与总结，比他们做得更好才对，而不是比他们做得还差！那么多温州老板没有学历但却获得事业上的成功，就是因为他们能吃苦、肯吃苦，而我呢？我的目标是要成为一个企业家，如果不能吃苦，不能不断地磨炼自己，我的理想只会是一个泡影。

如果说以前，我还是被动的话，那么从今天开始，我将主动吃苦、全力吃苦！

【回头望——自我感悟】

激励可以让一个人产生变化，海底捞通过一个个小的激励，把我这个无数次想着离职又讨厌餐饮的大学生留住，并且让我不断产生内在的驱动力，并慢慢喜欢上原来自己讨厌的工作。

这就是激励的价值，通过激励可以让一个人产生转变，获得成长。

我在这里悟到的，对一个人的成长和发展也至关重要。当你主动去吃苦时，也是真正学习的开始。可以说，我们刚开始步入社会，做的每样工作都会苦，因它都不是你能驾驭的，有时甚至是你厌恶的工作。

主动吃苦，也就是主动学习的开始，有这样的认知转变，你就能经历住磨炼和考验，就能战胜困难和挫折。

学习迎宾

2007年
12月15日

最近店里问题不少，尤其是门迎组，从迎客、叫号、安排座位、擦鞋、美甲、打发票到结账各个环节都出问题。明哥想把我调到门迎组，希望通过我的努力，尽快把门迎组的工作撑起来。这是我一直想去的岗位，每次看到安排座位的迎宾戴着耳机、拿着小手牌，神气地领着客人到指定的位子，就很羡慕。这几天我都在学习迎宾岗位的工作，就是做前厅——给等座的客人拿水、小吃等，有时也打发票。我很期待熟悉工作流程，能尽快戴上耳机引领客人入座。

但是今天做前厅，让我很不愉快。一位四十来岁的等座客人，带着一家人来用餐。等了一个多小时，他有点急，就找我给他提前安排座位，我"敷衍"过去了。过了一会儿他又来找我，说同来的老人身体不好，我就答应给他提前安排。晚上七点钟正值高峰期，排在他前面的客人有二十来桌，不可能马上给他安排。转了几圈，一忙就忘了，在我再次转到他面前时，他扯着嗓门骂了我一句，唾沫喷了我一脸，最后还狠狠地说了一句："老子今天就在这儿排，你看我排得到不！"我笑了笑，然后走开，继续给其他客人添豆浆。我理解客人的心情，也没有生气。这是我有生以来，第一次在别人骂我的时候，还能如此平静，这是现在这个工作平台磨砺的结果。感谢海底捞。

【回头望——自我感悟】

即使普通的岗位，也有等级链！有些工作似乎就比其他工作高级。就像我觉得戴耳机的领位比服务员高级一样。

如何让团队成员获得平等的成长机会，轮岗是一个不错的选择。通过轮岗，同事之间能建立平等的职业感，也能避免单一工作带来的枯燥感，从而很好地激励员工。

当然，这次客户的粗暴行为，让我至今历历在目，这为我去体会基层员工的不易打下了非常重要的基础。

对于接触客户的基层员工来说，尤其是服务业，他们在客户那里很难获得尊重，他们在工作中承受着巨大的压力。因此，管理者要用心对待基层员工，给予他们尊重，并帮他们减轻工作压力，否则是不可能调动起员工的工作热情的。

擦　鞋

2007年
12月20日

我又掌握了一门技能——擦鞋，如果以后混得不好了，还可以去开个擦鞋店。

在门迎组，除了要干洋气的活儿——迎宾、清号、安排座位、收银等，还要干别人认为是低三下四的活儿——擦鞋。海底捞要求一岗多能，这样哪个环节出问题都可以互帮互助，分工协作起来就非常顺畅。现在，我已经学会了发号——站在门口给客人发排队号；清号——熟悉等位客人的顺序，弄清楚客人的排号，把相关信息传达给安排座位的人员；打发票——准确向税控机输入客人信息，打印发票。今天又学习了擦鞋，现在就收银、接电话、美甲还不会。这些岗位我要是全学会了也是很了不起哟！

门迎组的员工个个身怀绝技。每次看到她们在各个岗位上都干得娴熟无比，我心里就痒痒。今天中午值班期间，我跟周哥学习了擦鞋。周哥鞋擦得很好，每次来就餐的客人都排队让他擦。他一边给客人擦鞋，一边和客人天南海北地聊天，客人对他都非常满意，有的客人还给他写了表扬信。他擦鞋擦到了一定的境界，并没有觉得擦鞋低人一等，每次给客人擦鞋都是乐呵呵的，跟什么样的客人都能聊得来，这让我很佩服。我要是擦鞋能擦到他这个水平，那还有什么事情干不好？美甲的和安排位子的女孩子，她们都会擦鞋，在这里没有一个人会觉得擦鞋是低下的工作，只要客人需要，大家都会用心去做好。我一直想在这个岗位学，我知道这对我来说是一个挑战，也是一次更大的磨炼，所以我一定要好好学习擦鞋。

如果说一个大学生在火锅店里擦鞋，我想被其他人知道一定会笑掉大牙的！但现在，这个已经不重要了！在这里让我体会到，任何一个岗位都可以做得很优秀，都可以实现自己的价值，都可以让你做到卓越。一个能把鞋擦好的大学生，几年后的成就将让所有人惊讶，而我就要做一个这样的大学生。

记住，李顺军，你能擦好鞋，也就能擦好地球！

【回头望——自我感悟】

海底捞很厉害的地方就在这里，让每个岗位的员工都感觉自己工作的价值与意义，这也算是意义激励吧！海底捞店长，必须会擦鞋，这也是让大家不觉得擦鞋丢人的关键。

海底捞的一岗多能制度非常好，除了上节讲的激励大家的工作热情外，更重要的是为组织的分工协作打下良好的基础。

当擦鞋都不觉得丢人时，我已经深深地认同了企业的文化。“能擦好鞋，也就能擦好地球”，我的目标感是极强的，在擦鞋时也不忘这对以后的发展意味着什么。沉下来，认真把眼下的事情做好，一定能干成一番事业。虽然，我是在鼓励自己，但也总结出了一个人成事的关键——做好眼下的事情。

明哥降职

2007年
12月30日

很感谢明哥这段时间让我学习门迎组的相关工作。迎宾岗位，尤其是发号、清号、安排位子的岗位太重要了，出一点问题都有可能导致门店大乱，也会让客人不满意。既要让客人满意，还要让员工满意，更要让领导满意，迎宾是一个非常锻炼人的重要岗位。

在门外发号，让我明白第一形象及第一句话对海底捞多么重要。每次发到三百多号时，我心中都充满了自豪感。有很多客人不耐烦，我会尽量去把他们留下来，实在留不下来的就送些代金券或礼物对他们表示歉意。而我这些小小的举动，有时会留下几桌客人，有时会让今天流失的客人改天再来。在排队的客人中穿梭清号，看到客人期待的眼神，我觉得海底捞很伟大，我作为员工也很自豪。遇到许多向自己要求走后门的客人，我很无奈但也很感动。客人这么喜欢我们，使得我更加坚定信心把工作干好。安排座位时，全店上百张桌子，要统筹协调，灵活掌握。既要估计店内什么时间可能出来空桌，又要及时了解等座客人的情况，还要穿插一些优先安排的客人。同时，更要考虑员工技能情况，以便安排合适人数的客人。这是件非常费脑子的事儿，对提升我的协调安排能力有很大的帮助……这段时间，我进步很快，脑子每天都在高速运转。

* * *

就在明哥准备提升我做领班时，一件非常遗憾的事情发生了。因为店里员工的满意率低，服务也达不到公司的要求，公司决定把他降级为普通员工，再次实践学习。没有办法，他的脾气改不了，动不动就对员工发火，员工的满意度不可能高。但是，他人很好，很正直，很想把工作做好，拼了命地干，最终却毁在自己的脾气上。我很惭愧没有帮到明哥。他要调离这个店了，心里不是滋味，具有讽刺意味的是：我没走，他走了。我的脾气跟明哥很像，这次也给我敲了警钟，“性格决定命运”这句话没有错，接下来要好好地改一下自己的脾气，不要因为自己的脾气不好而被革职。

我对接下来的工作有些灰心，相处这么长时间的店总说下去就下去了，尽管公司的做法是正确的，但从心底来说无法接受，感到天空有些灰暗……

【回头望——自我感悟】

当企业把细节做好，获得客户的认同后，员工是会有很强的自豪感的。在做迎宾的这些工作时，我满满的自豪感，也让自己更加热爱自己的工作，也能促使自己把工作做得更好，进而形成一个良性循环。

就在这时，我学会了组织协调，知道了组织协调的价值和意义。高效运营，靠的就是组织协调，这也是对管理者最重要的要求。在做领位时，我已为这个认知打下基础。因此，不要小看任何一个岗位，每个工作你把它做好，都会为未来的发展和成长做好铺垫。

海底捞淘汰机制是残酷的，干不好的店长不是降一级，是直接降级到普通员工。当然，海底捞也会保留店长的薪酬一年。正因为有如此残酷的淘汰机制，海底捞才能有如此卓越的运营成效。

海底捞董事长曾说：“我不太相信一个人在加班工作时还会发自内心地笑，一个简单的方法是，让那些不爱笑的人出局，剩下的就都是会笑的。”

外界看到海底捞人性化的一面，但很少看到海底捞内部竞争残酷的一面。一个好的企业，一定是人性和法制同时具备，否则永远也做不好，规模越大越危险。

5. 低谷中的转机

新　店　长

2008 年
1 月 10 日

下午班前会很快结束了，是新来的店长苟哥开的。他简单地讲了几件事情，就和前厅、后厨分别开会了。开会的风格跟明哥形成鲜明的对比，简洁而高效。

我还沉浸在明哥降职的失落中。横竖看苟哥不顺眼，一个大个子，脸上布满了挤完青春痘留下的疙瘩，一口四川普通话听起来让人有些反感。他来这儿几天了，我对他没正眼瞧过几次，也没有任何的沟通。他好像也不太喜欢我。其实，我希望他能找我谈谈，但一直没有。懒得理他。

明哥在的时候，常常批评前厅经理黄姐和客户经理蒋姐，弄得她们一天都抬不起头。从明哥降职后，她们似乎没有明显的留恋，反而显得很高兴，平日讲话的语气和行为都"挺"了起来，我感到特别的不舒服。不管怎么说，明哥刚走，那种希望别人倒霉的心情也不应该表现得这么明显。

苟哥今天带领班出去聚餐了，并且给每个管理层准备了一个礼物，然而这两件好事儿都没有我的份。以前明哥在的时候，所有的管理层活动都会叫上我，而现今苟哥的做法让我很难接受。

处于极度的矛盾状态，我感觉前途一片迷茫，干劲和激情也逐渐消退，沉浸于过去而无法自拔。原来，因为有明哥的关照，我才能留下来走到今天。现在一切都归零，领导又不重视自己，干起来真的没啥意思。可以想象，每天要给一个自己不太喜欢的领导做助理，这是件痛苦而煎熬的事情。我开始怠工，像机器一样，能转几圈就转几圈。转不动了，就停止吧！

【回头望——自我感悟】

因为一个老师会让我们喜欢上学习或者讨厌学习，因为一个管理者，员工可能留守或者离职。

中层基层管理者对员工的影响是很大的，有句话说员工因企业而来，因管理者而走，这句话没瞎说。新店长的到来，风格不同，做事方式不同，很容易引发员工的不满。

更换领导，只要这个领导不是特别差，就容易引发震动。这时要做好充分的沟通，苟哥这种缺乏沟通很容易引发下属不满。

总　　结

2008年
1月20日

最近一段时间都活在自己的情绪当中，过去的回忆和未来的焦灼使自己纠结万分。日记也不愿意写。当一个人内在空了，前行的目标没了，失去了干劲和冲劲，他会痛苦着自己的痛苦，也会痛苦着别人的痛苦。跟自己过不去的日子，实在让人厌倦。

细细想一下，还是因为自己不能放下，这半个月来完全是感情用事。

客观地讲，苟哥的确比明哥优秀，现在静下来仔细地分析分析吧！

明哥的不足有以下几点：

一是脾气太坏，情绪化严重，喜怒无常，不得“民心”。当一个员工犯错时，他不是引导和帮助，而是责备和怒骂，让员工感觉不被尊重；有时候在开班前会时，生气了就大发脾气；有时因为一个管理人员迟到，就当着所有管理人员发脾气并取消会议。他太激进而缺乏心胸，导致员工在精神上很压抑，团队因此激情不高，工作中也就因此老出问题。而一出问题他就更恼火，由此形成恶性循环，导致员工越来越不满意。海底捞是很讲员工满意度的，没有员工满意度就没有一切，明哥恰恰栽在这儿。

二是做事拖拉，分不清主次，不能做到劳逸结合。每月月底交工作总结，对我来说都是一个痛苦的过程。因为明哥像挤牙膏一样，一会儿挤一点，一会儿又跑去听歌，写着写着就躺下睡了，拖拖拉拉，一个工作总结得写好几天。其实店里的细节工作很多，但他处理起来比较混乱，有时会揪住一些细节不放，如门迎的员工安排错一个位子，他会当场去批评这个员工，而忽视了高峰期更重要的工作应该是照顾好客人，也忽视了这时批评员工会影响员工的工作心态。

三是跟核心管理层相处不融洽。因容不下别人的错误，总觉得别人不行，很难发现他们的优点，使得管理层之间的凝聚力差，不能围绕共同的目标去把每个细节做好。

这三点是明哥最明显的不足之处，而我身上也有类似的缺点。跟明哥这么长时间，真是给我上了宝贵的一课。

相比明哥，荀哥在高峰期大家忙的时候一般不会批评员工，而是去照顾客人，看每个环节客人是否满意。平时，他不会大发脾气，即使你做得不好，他也会先给你讲道理，然后再给予处罚，这样，既让员工意识到了问题，也不伤员工的心。

好久都没有写这么长的日记了。生活发生了很多变化，而我近段时间没怎么变化，猜疑、只顾自我使自己落入低谷。没关系，糟糕透顶的日子即将升起希望之星，出发点越低，也就能飞得更高。这是对自己的考验，任何的感受都不会枉废。

【回头望——自我感悟】

当时的我是一个意气用事的人，不能够理性地面对事情。因跟明哥建立起了深厚的信任和感情，总是无法接受他的降职。通过细细分析他的问题，我也知道他应该降级，新来的店长苟哥比他优秀，但这时感情大于理性，沉入消极情绪中。

明哥身上的缺点，当时的我都具备，通过分析他，一方面让我接受了眼前的现实，另一方面就是让自己反思自身问题，为以后做管理工作打下基础。

温州的诱惑

2008年
1月29日

苟哥对我的状态依然是不冷不热。磨合了这么久，现在沟通多了，但我们之间的距离仍然很远。他刚来时曾经问过我有什么目标，我冷冷地回复他没有目标。可能是这个冷冰冰的回答让他觉得我很狂。

温州的老总今天打来电话，希望我回去，而且用更高的工资待遇来诱惑我，我有些动心。今天休假，本来想给爸妈寄些钱回去，最终没寄。我坐公交车去了火车站，想买票回家待一段时间，然后再去温州上班。犹豫了很久，还是原路坐车回来了。

想离开海底捞去温州，又放不下自己这段时间吃的苦和经历的一些喜怒哀乐。辛辛苦苦奋斗了这么久，没取得什么成绩就离开，很不甘心，这样会让别人瞧不起。我不想做一个孬种。

对比一下留在海底捞与去温州的得与失，也许会明朗一些。

留在海底捞的好处：可磨炼自己的意志，锻炼自己吃苦耐劳的精神；可以学习很多优秀的管理方法及理念；学到一些人际交往方面的技巧。

留在海底捞的坏处：太累；没有自己的时间，成了工作的奴隶；目前赚钱不多。

去温州的好处：能独当一面，很好地实现自我的价值；老板很认可；短期内比海底捞赚钱多；能有充分的空余时间来学习其他知识，丰富自己。

去温州的坏处：去那里更多的是消耗自己的知识，学不到多少东西；老板理念落后，有时很反复；工厂太封闭，接触的人太少。

分析的结果，各有利弊，暂时也无法抉择。

【回头望——自我感悟】

2007年刚毕业那会儿，我在迪信通做了半年，离职后我在温州一家汽车配件公司上班，做老板的助理并兼管两条重要的生产线，那里待遇比海底捞好而且工作轻松。但我不喜欢那里的工作，工厂封闭让自己学不到东西，而且你能看到自己职业的天花板，因此离职进入海底捞从一个服务员开始干。

我的目标那时已经很清晰，就是要在海底捞做上店长，然后在管理的道路上走得更远。通过仔细的分析和对比，我最终选择留在海底捞。

一个人拥有了目标，就会少走弯路。如果没有坚定的目标，估计我会放弃海底捞的工作，回到工厂里，最终极有可能就是做个厂长而已，那自己的发展空间和职业发展都会受到极大的限制。

要 坚 定

2008年
2月5日

只有在一个地方坚持一段时间，并不断地学习，你才能学到更多的东西，并使自己得到不断的提升和进步。我要一改遇到挫折就逃避的念头，不能活在别人的世界里。这个心结是我自己打开的。我决定留在海底捞发展，好好地跟着企业一同前行。

经过这么长时间的折腾，我发现自己身上存在两个很大的问题：一是规避自己的人生目标，设法去掩饰，在不让别人知道的同时，自己也慢慢地忘了自己的人生目标是什么，在遇到问题时就会失去信念。当初，如果我坚定地告诉荀哥，我的目标就是当上店总，我想这段时间不至于过得躲躲闪闪。另一个就是太在乎别人的评价，总觉得别人是在议论自己，听到一些负面的信息时，就留在心底，自己设个牢笼把这些负面信息存起来，慢慢地消磨自己的意志，否定自己，致使自己信心全无。这两个毛病，是我未来成长道路上最大的绊脚石，在接下来的工作中我要着力克服，其余的事情都不再重要。

【回头望——自我感悟】

不断反思自己，从自己深层的假设和信念对自己进行剖析，才能让自己得到真正的改变。

这两点反思，对我后来的成长和发展有巨大的帮助。但在反思前，我是没有意识的，认为一切都合理。

首先是怕别人知道自己的目标，其实就是不自信，怕别人笑话。这次反思后，我后来只要是树立的目标，一般都会公示出来，这样就能更好地促使自己去达成目标。也就是俗话所讲的：把吹的牛实现。

其次是在乎别人的评价，这个问题我是很严重的。这是一种自卑情结，跟小时候自己的成长经历有关，得到的认可太少，自己的家庭条件不好，这都会使自己容易低估自己，缺乏应有的信心。这次反思后，我慢慢意识到太在乎别人的评价，就会使自己寸步难行。

晴　　天

2008年
2月15日

心态决定行为，行为决定习惯，习惯决定性格，性格决定命运。近段时间的重点是改善自身存在的两个问题：规避目标，用负面信息“自残”。我不再去想明哥在时如何优待自己和现在苟哥如何亏待自己。我发现现在真是一片晴天，苟哥最近跟我沟通多了，还鼓励了我，助理工作也完成得比较出色。

自己身上的问题仍然很多，下面几点是接下来需要重点改进的：

第一，懒惰：懒得跟其他同事交流；懒得动脑子认真思考些问题，过于情绪化，不够理智。

第二，缺乏恒心：做事遇到困难就想跑，不能潜心学习，迎接挑战。

第三，不用心：不能用心去做好每一件事情，尤其是一件事情做久了就疲了，懒得开动脑筋。

第四，欠缺交际能力：以自我为中心，难容别人，容易看轻别人，总感觉别人都不如自己。

这几个缺点，是比较致命的。我要潜心修炼一段时间，为以后的道路打好基础。

不管别人重视不重视自己，自己一定要重视自己。

活在当下，踏实做事！

【回头望——自我感悟】

这些对自己的问题的认知，是自己进步最大的动力！

从一个基层员工到公司的总经理，再到今天成为企业的联合创始人，并成为中国本土最好的咨询公司华夏基石的高级合伙人，靠的就是不断自我反思然后慢慢去改进，慢慢向那个最好的自己靠拢。

再定目标

2008年
2月21日

晚上给家里打电话时，爸妈正在看电视。想想家里的电视都旧了，准备给他们买一台好点的电视。爸妈现在都快六十岁了，还在农村辛苦地劳作，自己现在真的很没出息，远在千里之外，无法照顾好他们，接下来一定要努力。

我决定在餐饮业上好好发展。这个行业很有意思，做好了不但能帮别人进步，还能自己创业。设定目标如下：

远景目标：做餐饮界的领跑者；

中期目标：在海底捞做到最好；

近期目标：3个月内做到领班。

【回头望——自我感悟】

目标是推动自己成长的关键动力，上面这些目标后来都逐一实现——当然这是自我评价，他人未必认，但这不重要，只要自己认为达成就好。

如今我的目标是要做中国的德鲁克，我相信在这个目标的引领下，一方面我会把自己的企业做成行业标杆，另一方面我会成为具有开创性的管理理论探索者。

斗　　志

2008年
2月25日

刚毕业时我觉得自己什么都能做到，现在慢慢发现其实自己能力非常有限。毕业时的那种“老子天下第一”的狂妄全没了，现在多了些许平和，也多了些许消极。在现实面前自己开始慢慢地低下了头，那股狂傲劲儿没了，不知道这是好事儿还是坏事儿。

今天跟同事李志军聊天，他问我：“假如你发现了金矿，是先休息，还是先挖？”

我在心里想的是：“如果我发现了金矿，自己根本就没办法去挖，即使挖到金子，也没办法让它发挥作用。”我心里全是“不敢”之类的“枷锁”，认真反思一下，是自己欠缺的东西太多，如果照目前这种状态，可能“金矿”真的出现在我面前，我也没有办法。

自己的目标是做餐饮界的领跑者，这不是说出来的，而是需要自己通过实力闯出来的。目前自己啥都不是，任重而道远。

【回头望——自我感悟】

不断通过生活中的点滴去反思自己的深层信念，才能发现影响自己行为模式的关键点，如此才能更好地成长。

通过与李志军的对话，我挖掘到自己深层的负面信念，这是一个很重要的关键点。当意识到后，我刻意地调适自己的深层信念，使之更多的是正确、肯定的信念，这样自己才能坚定地去做事情和实现目标。

如今，我内在深层的信念，大多是正面、积极、阳光的。我相信，在这样的信念影响下，自己一定会取得一个个卓越的成就。

转　机

2008年
2月29日

今天很开心。苟哥来这么长时间，我第一次从心底接受了他。

他给我报了升迁考，这让我有点意外。

以前总以为他不太喜欢自己，什么好事儿都落不到我头上。可现在，我明白以前是自己的误会太多。留恋过去，徘徊现在，没有很好地去适应环境。猜疑和多虑让我活在自我编织的狭隘牢狱之中。其实苟哥只是做事方式与明哥不同而已。升迁考是今年公司推行的重大制度，我们的董事长张大哥说，升迁考能否成功决定了海底捞的发展，他想通过升迁考的方法去更快地复制人才，也让更多的优秀人才脱颖而出，以实现海底捞开遍全国的梦想。我来海底捞才四个多月的时间，苟哥能让我去参加升迁考，这是对我的极大信任，我为自己对他的成见感到惭愧。

晚上苟哥跟我沟通，说大区经理袁哥（袁华强）的助理王姐（王军芳）表扬了我，说我做事情不错。这个消息更让我意外。我仅仅帮王姐打过一份资料，只是简单地沟通过，能得到王姐的表扬这让我非常开心。

心态决定行为。最近我的心态调整得不错，好像一切都变得美好起来，许多好事情也接二连三眷顾我。内在可以改变外在，这是我这段时间最大的收获。

遇到困难就退缩，然后意气用事地说："老子怕什么，好的工作多得是，不干了还不行吗？"这是以前遇到问题都会在心底嘀咕的想法，其实这是没有恒心和毅力的表现，不能忍受悖逆自己心愿的事和话语。进入社会，必须先当学生再做先生，而我总是想马上当先生，结果就只能让自己憋屈，自讨苦吃。通过在海底捞这段时间的磨炼，我与那些没上过大学的人比，还欠缺很多。别人会一个劲儿地往前冲，而我会处处怀疑，想着太多的后路，没有耐心和韧劲儿。换句话讲，是思想的巨人，行动的矮子。

与其他同事比，我的优势包括以下方面：

第一，有大学本科学历。

第二，想问题较为深入。

第三，看事情较全面。

第四，语言和文字表达能力强。

第五，有长远目标，不拘泥于现在。

我的劣势包括以下方面：

第一，还不够能吃苦，积极性不高。

第二，不太专注，老东想西想的。

第三，做事情老给自己留退路。

第四，思想负担重，想的事情多。

比较之后，接下来就要放下自己，全力以赴地投入工作当中。再四处折腾，一生都会没有出息。

【回头望——自我感悟】

因为沉浸在过去，对新来的领导不接受，导致自己消极应付。而苟哥给我报升迁考，让我报考领班(也就是主管)，让我一下子冰释前嫌，心态完成了一个180度的大转弯。

升迁考是海底捞发展过程中很重要的一个变革，它让海底捞的管理者培养，由原来完全靠原有的管理者师傅带徒弟，转变为靠制度和标准来实现。这也是海底捞解决人才复制问题的一个关键决策，也是成就海底捞的关键决策。

京沪大区总经理袁华强的助理王军芳对我进行表扬，这让我以后去为袁哥当助理打下了基础。

二
初出茅庐

机会就是为有准备的人安排的一道大餐。当机会没有出现的时候，我们应该蛰伏，屏息静气，积累能量。一旦机会来了，就应该快速行动，牢牢把握。

闹情绪、发牢骚挺没劲的，于事无补，反而败了自己的心情，还有可能伤害一同工作的同事。如果一时没有看清周围环境，辨别不出利弊，那就将事情放一放。时间是最好的清醒剂，当时无法面对的问题，几天后或许会轻松解决。

1. 升任大区经理助理

机会来了

2008年
3月5日

这几天，片区对我进行了全方位的调查，向我的上级、同事询问关于我的做人及做事情况，真像是一场政治审查。结果还比较理想，他们对我很满意，准备让我去给袁哥（海底捞京沪大区总经理、公司董事袁华强）当助理。

苟哥今天跟我沟通了这件事情。我有两个选择：一是留在店里发展，他已经给我报了升迁考，升迁考通过后我就可以做管理岗位；二是去片区给袁哥做助理。他让我自己选择。

我很为难。我最终的目标是做管理、带团队，很想留在店里。但又想去片区给袁哥做助理，因为去片区可以跟层次更高的人学习，拓宽眼界。

我打了许多电话咨询别人，结果是七嘴八舌，各有各的理。

睡不着，起来接着写日记。留在店里做管理，这是我梦寐以求的机会。但如果去片区跟着袁哥，他是大区经理，给他做助理，我能从他身上学到许多新东西；平时能和各店的店长和区域经理直接对话，能清楚了解各店的管理情况，对提高自己有好处。长远来说，去片区对自己发展更有利。

我决定还是先上片区，通过全方位的学习，再下店做管理，这样我就会比其他人走得更好、更快，这是再完美不过的选择了。

人生就是由一次次对机遇的抉择组成的。

相信这次选择会带给我不一样的人生。

【回头望——自我感悟】

在做好管理这个长远目标的牵引下，就不容易会只关注短期目标，当下怎么做对长期有利就怎么选。这样不会让自己目光短浅，能既关注长远目标又关注当下。

这次选择，让我能跟着海底捞高层一起学习，无论是对自己的眼界还是格局提升，都有很大帮助。

为啥当时会纠结，其中一个重要的原因是，我喜欢在一线带领团队打仗，到公司给高层做助理后，如果下一线你还得从基层管理岗一步步干，这在一定程度上相当于走弯路了。

这是海底捞的制度，为了把管理夯扎实，它不允许一线有空降部队，更不允许职能部门的人直接下一线当管理者，哪怕你是职能部门的管理者，到一线还得从基层管理岗一个个过。

这是海底捞发展到今天，能“连住利益，锁住管理”的关键。

要 专 注

2008年
3月11日

明天就要到片区报到了。

今天休息。我早上特别兴奋，8点就起床了。

这是我到海底捞这么长时间以来，第一次休假还能早起。以前休假，绝对要睡到饿了才会起床吃饭，吃完饭接着睡。

休假就是睡觉！

上班很累。好不容易休个半天假(因为生意太好，一天假很难休)，睡在床上什么都不做是最好的补偿。早晨感觉到其他同事去上班，而自己还能赖在被窝里睡觉，心里别提有多幸福。可往往随着时间的流逝，快接近下午上班时间时，心里总是会特别纠结：如果能接着睡该多好。走在上班的路上，拖着疲软的身体，好像自己就是天底下最倒霉的苦行僧。

吃过饭后，我拿起陈志碧刚买的吉他来弹，发现自己只能瞎弹了。以前会的歌曲现在都忘得差不多了。对吉他的兴趣也大减，已经找不到那种热爱的感觉。

到现在为止，自己仍没有专心去好好做一件事。心气很高，仿佛自己无所不能。做什么事情，都是当初一时兴起，过后便松懈下来，比如弹吉他、下象棋、唱歌、写小说等，我全是三天打鱼两天晒网，到头来一知半解，不能变成自己的专长。

现在走出去，如果别人问我有什么专长，我真答不上来。

我想创建自己的商业帝国，但到现在为止，仍然只是一个安慰自己空虚灵魂的口号而已，并没有真正地行动起来。有时躺在床上会想很多，很像马云讲的"晚上想想千条路，早上起来走原路"，等到真正行动时，却显得那么拖泥带水。照此下去，我的商业帝国梦想终有一天会化成泡影。明天将是新开始，必须要热情地投入新的工作和新的生活中去。用心工作，沿着既定的目标，前进！

【回头望——自我感悟】

自己不专注这个毛病，早就知道，也一直在花时间去修正，10 多年过去，现在好了很多。

不专注是很难做好一件事情的，什么都想做，什么也做不好。人的精力是有限的，除非你是天才，否则是不大可能同时把几件事情都做到极致的。

对于我们普通人来说，找准自己一生要坚守的一件事情，持续深挖，一定会出成就。一生只为一件事而来。去掉多余的爱好、多余的欲望，让自己专注目标，砥砺前行，这是正道。

做企业也一样，你看那些随意多元化的企业，最终很多没有好下场。而那个专注干一件事情，干到极致后，一通百通，再做别的事情反而就水到渠成了。

就像海底捞，当年一直坚持做好一件事——卖火锅，到今天因卖好了火锅再往周边延伸，调料公司颐海国际上市，蜀海物流成为知名供应链公司，微海人力资源成为知名的人力资源公司。

海底捞和颐海已上市，两者市值顶峰合起来高达 3 000 亿元，蜀海和微海也会上市。还有一系列的其他生态公司，这就是专注后再延伸的成果。

望　京

2008 年
3 月 15 日

我搬到望京，开始了新的生活。

温州老板今天又打电话让我回去，我拒绝了他。随后我删除了他的电话和 QQ 号，破釜沉舟，不再给自己留后路。

我住在很时尚的国风小区。小区房子有十几层，是灰黑色的，楼和楼之间的距离很宽，绿荫花园连接着一个个单幢的高楼。宿舍是由整层楼改造的，很敞亮，地面是木质地板。这是我见过的最好的宿舍，比海底捞北奥店华盛家园的宿舍还要好很多。

海底捞北京片区的办公室在望京新城七楼。在这个小区，我不时会见到各种名车。

刚来时,王姐(袁哥的助理王军芳)负责指导我。她很耐心,让我先学习一些资料,没交代具体事情让我干。今天在办公室看大区经理的工作流程、小区经理的工作流程、店经理的工作流程及之前的一些会议纪要,我收获很大。现在已经知道大区经理、小区经理、店经理的每月工作事项,头脑里有了初步的框架。

* * *

开始每天"三省吾身",将成长进行到底。

日三省乎己:

- 时常因情绪而出现内耗,不能全心投入学习、成长上;
- 太关注别人对自己的看法,行动受拘束;
- 以别人的态度来决定自己的态度,而不是用自己态度来改变别人的态度,被动适应较多。

【回头望——自我感悟】

温州公司一直想让我回去,这对自己坚持下来形成了很大的干扰。但我清楚,封闭的工厂,虽然工作很轻松,薪酬待遇是有限的,你能看到人生的天花板。最关键的是,我在那里学不到东西,作为一个刚毕业的学生,只能完全在用自己的想法做事,不停地往外在倒自己那点仅存的知识,慢慢摸索着做事。海底捞不一样,能学到很多东西,别看是一家餐饮企业,但门道很深。因此,我删掉了老板的联系方式,断掉自己的后路。

海底捞的工作流程,是把每天、每周、每月管理层要做的重点节点事件梳理出来,一方面是请管理层清晰自己的工作方向和重点,另一方面是形成很好的工作衔接。这个方式,避免了彼此扯皮,是一种很好的组织协调方法。

这天我开始“三省”，其实以前也不时反省，但没有形成每天的习惯。从这天开始，我养成了每天反省的习惯，后来又慢慢养成了时时刻刻反省的习惯。反省是自我成长非常重要的工具，也是领导力修炼非常重要的工具。

巡店

2008年
3月21日

这几天王姐带着我一起巡店检查，让我感受很深。

王姐很专业，在店内巡视一圈马上就能看到许多问题，无论是管理、服务、菜品还是员工的工作投入度、激情度都逃不过她的眼睛。发现问题后，她会在低峰期找到店经理谦虚、随和地进行沟通，没有指责，没有焦躁，很有耐心地将自己发现的问题告诉店经理，并提出自己的建议。

这种低调的姿态对我的影响很大。

这让我明白，上级管理人员去店里巡店，不是去找别人的毛病，而是通过“旁观者”的眼光去发现问题，帮助分店更好地进步和成长。

王姐告诉我，巡店不要停留在表面的问题上，一定要深入找到问题的根本，不能片面地看待问题；巡店时不能以居高临下的姿态出现，巡店就是帮助店长成长进步。

* * *

这几天跟袁哥接触不少。

袁哥为人很真诚，完全不像一个大区经理，而像一个大哥哥。他每天都要写长长的工作日记，思考问题会时不时双眉紧锁，用手去捋头发。我以前从来没有见过如此专注、投入的工作状态，这正是我身上最欠缺的。

一定要跟袁哥好好学习。

我跟他待在一起，有时会紧张，感到压力大。好在自己现在就是个小学生，没有压力就无法进步。我很高兴自己找到了一个好老师。

马上就要进行升迁考培训了，袁哥让我去做记录，整理培训教材。这样，领班升大堂经理、大堂经理升店经理的培训，我都能够参加。这对我来说可是笔很大的财富呀！

感谢海底捞，感谢袁哥。

* * *

日三省乎己：

- 心中有些得意，巡店时有点显摆自己，生怕别人不知道自己现在在袁哥身边工作；
- 好久没与家里联系了，不孝；
- 专注力还不够，思想时不时地开小差。

【回头望——自我感悟】

袁华强、王军芳他们两人对我的人生影响非常大。袁哥为人真诚，虽然脾气急，但待人不玩虚的，他做事情很认真、很严谨。王姐谦和，始终笑呵呵的，总替他人着想。职业初期，能跟随这样两位领导，是我的福气。

跟着王姐一起巡店，以及整理升迁考的培训教材，我也大开眼界，对管理有了更进一步的认知。这次整理升迁考培训教材，我全程参与，很多课件是老师在上面讲我在下面整理出来的，并直接与海底捞的管理顾问王奋老师对接，这让我学习了不少东西。

这次海底捞的管理变革，为海底捞后来的人才发展做好了铺垫，从最初的单纯靠师徒传承变为靠制度流程培养人才，这是海底捞大学的雏形。有幸，自己能够参与其中。

王姐的这句话“巡店不要停留在表面的问题上，一定要深入找到问题的根本，不能片面地看待问题；巡店时不能以居高临下的姿态出现，巡店就是帮助店长成长进步”，对我影响实在是太深了，后来一直是我工作的指导，也能很好地帮助我提升领导力。这是一种典型的服务心态，而非强制和监控心态。

2. 丑小鸭的机会

单 独 巡 店

2008年
3月29日

3月24日，公司开始在郑州片区开展"天鹅行动"，各大片区领导人都要过去，袁哥、王姐都过去了。我留在北京处理一些事务，学习单独下店检查工作。

"天鹅行动"这个活动特别好，我很喜欢，各大片区领导人集中到一个片区，检查这个片区的工作，讨论公司一些重大决策，并且通过"天鹅行动"发现人才。

之所以称之为"天鹅行动"，是公司高层希望通过这个行动，发现更多的"丑小鸭"，经过专项培训后，让他们早日成为美丽的天鹅。

这个创意来自张大哥的一个梦。

我觉得张大哥不仅是一个有心人，而且是一个富有创意、懂得浪漫的人。

我将张大哥这篇关于"天鹅行动"的文章抄下来，不时翻看，以此来激励自己。

我是一只丑老鸭，当我还是一只丑小鸭的时候，我就梦想成为一只美丽的天鹅。很多年过去了，不管我怎样去努力都无济于事，唯一的区别就是我从一只丑小鸭变成了一只丑老鸭。绝望和自卑不断地向我袭来,侵袭我的身体,更啮噬着我的心灵,每天晚上唯有伤心的泪水伴我进入梦乡。在梦里我一次次地祈求蜕变,直到有一天我在梦里遇见了美丽的天鹅女神。她轻轻地告诉我,其实有很多天鹅都是由丑小鸭蜕变而成的。

只要你具备两个基本的前提条件:第一,这只丑小鸭一定要有变成天鹅的愿望;第二,这只丑小鸭能找到正确的锻炼方法,如此持之以恒,一定能够收获成功。说完之后天鹅女神飞走了,消失了……我一惊,梦醒了,可我发现我真的变成了一只天鹅。

当我成为天鹅之后,我认识了许许多多美丽、善良的天鹅朋友。他们当中不仅有白天鹅,还有黑天鹅。我们很想帮助更多的丑小鸭变成美丽的天鹅,所以,怀揣着这样一个梦想,我们成立了一支天鹅辅导小组,致力于研究怎样才能将丑小鸭变成美丽的天鹅。

我们天鹅小组每个月的12号、13号、14号都会飞到某一家海底捞去找到那些想成为天鹅的"海底捞鸭",用我们自身的经历去帮助他们总结自己的优点和不足之处。因为我这只老天鹅多年以来还有一个梦想,那就是让成百上千的"海底捞鸭"都尽快变成美丽的白天鹅和黑天鹅。

每每阅读张大哥这篇文章,一丝丝温情暖意便会袭上心头。除了佩服张大哥的才华外,就是被他这种大爱与大善所感动。海底捞有成百上千的丑小鸭。张大哥这只老天鹅,一心想通过他及其他天鹅的努力让大家成长。这种良苦用心,堪比父母。这是一种修为,一种自我人格修炼的结果。张大哥虽然没有上过多少学,但他的学识让我这个大学生汗颜。我的目标是成为一个有爱心的企业家,然而我现在却什么举动都没有。他让我明白:知道不等于懂,懂不等于做到,做到不等于做好。

*　　*　　*

24—28号这几天，我巡视了一店、二店、三店、四店。按照王姐给我讲的“店总班前会、员工工作激情、服务状态、低峰期工作、宿舍管理”五个方面，我一天巡查一家店。全面地对一个店进行检查，这对我来说是第一次。今天将巡店总结交给王姐，王姐很认可。她发给袁哥看后，袁哥也很高兴。他们觉得我第一次巡店就能做到这么全面，而且发现了不少的问题，相对而言还是不容易的。

我心里很清楚，跟王姐比起来，我还差得远呢，还得加强锻炼。

通过这几天的巡店，我从全局角度明白了一个道理：现场管理，能把各个环节都做好是很难的。

店总班前会，就是要调动大家的积极性，通过活动、游戏、表扬来激励大家。开会中，店长一定要通过自己的状态来感染大家。通过对这四个店的巡查，感觉各个店的开会效果明显不同。开完会后，有的店大家很麻木，有的店即使散会后大家还在激动地讨论。一天工作表现怎么样，店总的班前会很重要。

在高峰期，员工的工作激情度直接影响整个店的气氛。激情高的员工可以带动身边的其他人，还可以与客人形成良好的互动，能够快速准确地为客人提供服务，会让客人特别满意，这样使得大部分员工的激情度都比较高。当然，员工光有激情还不行，还必须把细节服务做好，这样才能更好地满足客人的需求，创造感动服务。

高峰期的时候，大家的工作状态都差不多，其实低峰期的员工状态和服务表现才是一个店好坏的关键。大家都忙时，通过整体氛围的带动，个别不认真的人也会被调动起来。而低峰期时，大家身体疲乏，容易松懈，就会降低紧张感，所以很容易出问题。

员工宿舍管理是保证员工全身心投入工作的基础，必须认真对待。

但还是有个别员工在熄灯后打电话、聊天。有的员工不洗袜子、不洗脚，弄得整个环境很糟糕。

这几天的检查，我不但发现了许多问题，也明白了做一个店总真的很不容易。

【回头望——自我感悟】

这篇日记，揭示了很多管理道理，也是揭示了海底捞成功的一些关键点。

首先，就是人才培养的问题。海底捞即使发展到今天全球600多家店，而且现在每年能开约200家店，即使这样，公司的管理层还绰绰有余，这跟海底捞董事长张勇对人才的认知是分不开的。

他通过这个浪漫的梦回答了人才培养的根本："第一，这只丑小鸭一定要有变成天鹅的愿望；第二，这只丑小鸭能找到正确的锻炼方法，如此持之以恒，一定能够收获成功。"把各个片区的老大调集在一起，让这些经验丰富的高管一起去巡店，发现人才、发现问题，这就是一种集体智慧的涌现。而他们最关键的任务就是扮演天鹅去发现丑小鸭，发现那些有意愿的人，并把自己的经验方法告诉他，这是海底捞早期在没有找到好的人才培养方法时非常重要的人才孵化方法。

张勇的这两点认知告诉我们，人才是如何成长的：首先得有愿望，其次就是公司有正确的训练方法。

其次，信任和激励。我去巡店，肯定不如王姐、袁哥，他们信任我，让我去实践和锻炼，并认可我的巡店结果。其实现在回想，并不是自己巡店真有多好，只是他们在鼓励我罢了。他们的鼓励，让我获得了足够多的信心。领导力非常重要的一点，就是帮助下属发挥他的长处，而不是帮助他去纠正他的问题，而我们很多领导者往往喜欢去批评指责下属的问题，而不是发现他们的长处。

再次，现场管理。通过这次巡店，我发现王姐告诉我的五个巡检重点“店总班前会、员工工作激情、服务状态、低峰期工作、宿舍管理”，其实揭示了企业运营的重点。

任何一家企业，如果想管理好，想为顾客提供好的产品和服务，无论是制造业、零售业还是服务业，都离不开这几个关键点。管理，并不是面面俱到，而是要抓关键点，打蛇打七寸。

培　　训

2008年
4月1日

这几天在培训基地参加升迁考的培训，让我受益挺大。

我的身份比较特殊，我是培训组织者，又是将讲课内容整理成教材的人，工作有点挑战。培训课程主要学习了袁哥讲的《海底捞文化与制度的传承》、蔡姐讲的《海底捞专业技能的提升》、外聘教授讲的《通用技能：沟通、行为习惯》和《北京风土人情》。其他人参加完培训也就结束了，而我还得根据课堂笔记及录音，把讲课内容整理成培训教材。这不但能加深我的理解，同时可以提升自己的逻辑思维能力，简直一举多得啊！

通过学习袁哥讲的《海底捞文化与制度的传承》，我系统了解了企业文化，在感叹之余，长了不少见识。

海底捞的价值观是：崇尚人生而平等，相信双手可以改变命运。崇尚人生而平等，体现在日常生活、人格、人才选拔、规章制度等多个方面。

比如，张大哥就因堵车迟到被罚站。

刚开始，我不太理解，只是感觉这种做法比较带劲儿。通过袁哥的讲解，我明白了：公司只有人人平等，建立公平公正的制度，才能更好地保证员工满意度，进而激发员工的积极性。而员工满意了，才有客人的满意；客人满意了，企业才能更好地发展。相信“双手改变命运”是一种积极的心态，不能认命，坚强不屈。这里的“改变”，并不是说我们一定要在海底捞做到什么样，而是通过海底捞这个平台，我们学到什么，以便于将来更好地去生活。

通过这次培训，我在以下几个方面发生了改变：

首先，改变了心态，改变了做事、讲话的心态；

其次，改变了我对事物分析的能力；

再次，改变了我的一些行为习惯；

最后，改变了我对人生的一些看法，这是无价的。

海底捞企业文化也弘扬传统美德，要求员工孝敬父母、忠于爱情、爱护员工、知恩图报。尤其是干部，如果做不到这几点，根本就不可能被提拔。干部被提拔前，公司会进行家访。如果一个管理人员出现不孝敬父母、滥情、忘恩负义的行为，就会被开除或降级。海底捞郑州某店有两口子分别当上主管了，自己生活得很好，可家里父母却穿得很破，结果就被公司降成普通员工了。

企业理念是：尊重员工，客人是老板。

尊重员工主要体现在尊重员工的特长、创意，给员工授权，关注员工的衣食住行。

公司会定期举办书法、演讲、篮球比赛等专项活动，让员工展现特长、展露才华；员工可以随时就管理或服务提交自己的想法和点子，上级不可以随意打击员工，要充分保护员工的创意。现在店中许多专用设备都是员工自己发明的，如：恩碧架、包丹袋（海底捞员工蒋恩碧、包丹“发明”的简易厨具和塑料手机袋，方便实用，至今应用在服务中。为表示敬意和重视，以两位员工的名字命名）。

员工拥有充分的授权，可以自行处理客人投诉。即使处理得不好，公司也不会特别难为员工。区域经理林姐当年因开错发票被客人勒索8 000块钱，公司不但没有追究林姐的责任，还安慰她。林姐在哭过之后，没有气馁，更加努力为海底捞贡献力量。

衣食住行方面，管理层与员工吃穿一样。在北京，员工的宿舍都在居民小区，距离店面的时间不能超过20分钟。

"客人是老板"这句话，就是让大家知道：我们的一切，都是客人给的，所以要感恩客人。但有一点，我想可能只有海底捞能想得出来，那就是开业不做宣传，原因是要培养员工们的忧患意识。这一点是我怎么也想不到的，但这点却是大智慧呀！从第一次进入培训基地的那一刻起，我就喜欢上了这里的企业文化。这次经过袁哥亲自讲解，我对海底捞的企业文化更着迷了。

【回头望——自我感悟】

海底捞之前的文化，更多是靠老员工理解，然后带新人，没有系统的课件。这次因升迁考，开始着手系统梳理文化、制度、管理等。这就是由经验化向流程制度化的转变，这是海底捞发展史上非常重要的节点，也是决定海底捞飞跃发展的关键事件。

通过上面的记录，我们可以看到海底捞文化的精髓：始终为他人着想，而不是把自己考虑在前。海底捞的很多决策和行动，对于民营企业来说都是领先的，就源于老板及高管对企业的认知、对管理的认知高于他人。

海底捞的成长与发展，跟这群海底捞人不断精进认知，不断自我学习，并把学到的东西不断进行实践有关。

做好企业，就需要这样长年累月地坚持提升，当然源头是从升级认知开始的。认知粗浅，是做不好办企业这个复杂的事情的。

苗　子

2008年
4月12日

今天跟袁哥、王姐一起聊天，袁哥说我是个“苗子”。

听到这句话，心里乐滋滋的。能得到袁哥这么高的认可，是很难得的。

自己取得一些进步是可喜可贺的，但内心最近又有些浮躁起来。觉得自己很“能”的，那种应该干一番大事情的想法又蹦出来了。

刚毕业时，就觉得自己是干大事情的人，很多工作都不想去做，结果自己把自己悬在半空中，上不上、下不下，遇事也不能冷静思考和分析，不高兴了就产生“大不了，老子不干了”的心理。最近，这种浮躁的心态又露出头角了。

其实，事业本无大小之分，能把一件平凡普通的事情做到极致就是一种成功！

但我们往往会去追逐自己做不到的事情而忽略眼前，养成好高骛远的习惯，到头来一事无成。“扎实”这个词，应该是我现在要谨记在心的，否则，袁哥的一句表扬，就让自己飘起来了。等自己摔下来时再警醒，就什么都晚了。

我现在要认真辅助袁哥做好工作，扎扎实实地给袁哥做半年的助理，10月初下一线，开始带团队做管理，争取2009年4月份能做到店总。

*　*　*

日三省乎己：

- 觉得自己官还不小，不能平和地与别人沟通；
- 老想着还没做的事情，而不能集中心思于当下；
- 做事情，不太考虑别人的感受。

【回头望——自我感悟】

做事情一定要“扎实”，一旦浮躁起来，一定做不成事情。“事业本无大小之分，能把一件平凡普通的事情做到极致就是一种成功！”

从这里也能看出来，我对自己的规划是很明确的，这点从职业初期到现在都是如此。该干什么，怎么干，我都会想清楚，并一步步去实现。这是职业发展上非常重要的一个习惯，一定得有目标和规划，不能糊里糊涂。

目标规划，就像灯塔一样，可以避免自己触礁。

袁哥一句你是“苗子”，也看出他认人的厉害，我确实是个苗子，哈哈。

3. “你很有潜力”

袁哥的短信

2008年
4月26日

袁哥让我去上海。这是我第一次去上海，心存期望和向往。曾经梦想能周游全国，这次借工作之便完成了目标的一部分，真是一个不错的机会。感谢！在列车上，我正琢磨在上海可能会遇到的人和事情，袁哥发来了短信：“待人接物要低调，内心要强大，对外就称自己是片区文员，来上海学习的。你很有潜力！”

其实，我现在做的工作，也就是文员的工作，真正的助理工作我做得还不多。袁哥这样讲，让我看到他对我的期望很高。“你很有潜力”这句话，我翻来覆去看了好几遍，像一杯浓茶的感觉，有品不完的滋味，每阅读一遍，内心就坚定一次。

我要将这条短信永存。

我相信自己肯定不会让袁哥失望的。

【回头望——自我感悟】

来到袁哥身边，不断获得鼓励和认可，对巡店认可、说我是“苗子”到今天说我“你很有潜力”，我内心充满了自信。其实，我内心有很强的自卑情结，很容易否定自己、怀疑自己、攻击自己，袁哥给我的不但是鼓励，也是温暖，让我慢慢建立起对自己正向的评价。

袁哥用自己的切身行动，在践行领导力的真正含义。

上　海

2008年
5月5日

今天回到北京。

上海比北京的空气要好些，节奏感比北京还快。人们上班乘地铁，很多人都在跑动。在上海这几天，袁哥让我跟拓展部(负责开辟新店的部门)小松一块去考察上海的市场。我们去浦东、南京路、人民广场等繁华地段考察了一些同行业的状态。考察完了，我们一起写了一份报告给袁哥。对于拓店这块，我一点都不懂。他让我跟着拓展部的人跑，指望我能弄到多少情报可能不现实。他更多的想法应该是让我开开眼界、长长见识。

我很感激他时刻都想着怎么更好地培养我。

前几天，袁哥在上海请他的朋友吃饭，叫了我一起去。吃饭期间，他们一直聊得很开心，有些羡慕！几年后，我跟同学一起吃饭时，会聊些什么呢？

上海人事经理李姐跟我讲，袁哥在许多人面前都夸我好，整个公司的人都知道。不知道她是夸张了，还是事实。袁哥对我的认可，是个好事，这也给了我很大的压力。

现在我刚在袁哥身边发挥出自己应有的优势，也做出了点小成绩，但更要有危机意识。我要加强学习，不断地积累经验，让自己保持优秀。

但如果我原地踏步，这点优势很快就会用完，大家也都习惯了自己的优势，那自己还有什么？

*　*　*

日三省乎己：

- 包容性差，因别人一点缺点就会否定别人；
- 讲话、做事时，心里还是有些骄傲，不够谦虚；
- 因工作忙，视野变得有些狭隘。

【回头望——自我感悟】

让我不断去开眼界，不但当面表扬，而且当着他人也在肯定认可我，这对我的成长来说，是莫大的帮助。没有什么比职业自信更重要，尤其是职业初期，对一个人来说重要的并不是技能和薪酬，而是职业自信。

一封投诉信

2008年
5月9日

早晨上班后，袁哥像往常一样打开办公自动化系统查看邮件。不一会儿，他便锁紧了眉头，发出烦躁的叹息声。

我问他怎么了，袁哥让我看了下面这封客人的投诉信。

> 我们在5月9日凌晨于海底捞某店吃饭时，发现泥鳅不新鲜，于是询问服务员。服务员解释道"海底捞没有不新鲜的菜"，还让我去后厨看泥鳅。请问有这样的解释吗？我只是发现了这个问题后，告诉他不要上死泥鳅，我并没有要求退菜，却被你们经理把嘴堵上了，而且说话很难听，让我们很生气。我要求投诉，又找不到上级。当时我要他把经理叫来，他说他就是经理，导致我们当场吵了起来，没有

吃饭就不欢而散。海底捞是我们心里的好火锅店，我也经常光顾。你们的免费服务很多，现场服务也很细致，没想到你们的经理处理问题竟是这么的低级，让我接受不了。我不想下次吃饭时还看见他，也不想因为这样就吃不到好吃的火锅，希望你们能给个好的解决方法，不要让我对海底捞留下这样不好的印象，以致不愿去吃饭。谢谢！建议留个投诉电话，以免这样的事情再次发生。

我很感谢有这样忠诚的客人给我们提出这么真诚而又宝贵的建议。但这样的事情发生，真的让我很着急、很心痛。我们一个堂堂的值班经理，因为这么一点小事就把客人得罪了，而自己却抱着无所谓的态度，根本就不把这件事放在心上。当自己的行为得罪客人时，根本就不向上级反映。一个值班经理都可以用这样的态度对待客人，那么下面的普通员工会用怎样的态度去对待客人？这样的态度，如何起带头作用？如何保证客人的满意率？低峰期本来客人就寥寥无几，我们没有想办法去更好地为客人服务，反而得罪了客人，这真的让我很不解，我们这些干部究竟是在做些什么？

在海底捞工作这么长时间了，我知道这件事情真是件大事儿！

袁哥立即让我打电话核查这件事情。我核查的结果是：这件事情基本属实。

自从看了这封邮件，袁哥的眉毛一天一直没有解开过。经过反复思考后，袁哥决定结合前段时间员工的投诉短信写一篇文章，让大家开始反思企业存在的问题。袁哥开始叙述，我就在电脑上写。

他给我看了两条短信，让我把它们放到文章里。一条内容是："袁哥，是不是海底捞的管理层就可以为所欲为，就可以赌博、上网……"另一条是："你们五店的员工在506宿舍赌博，封顶50，刚发工资，请注意！"

袁哥最后进行了以下总结：

虽然这三件事的当事人都处理了，该开除的开除，该降职的降职，但我认为这三件事情看似偶然，背后却存在着必然。我得知这些事情，是通过两个离开海底捞的普通员工和一名客人的网上投诉，而我们的管理者和优秀员工却选择了沉默和视而不见，我们的干部到底是怎么选拔出来的？在这里，我有三个疑问：第一，为什么这些信息的来源不是我的主要助手，而是离开海底捞的普通员工和来海底捞就餐的普通客人？第二，我们有那么多的管理人员和优秀员工，他们在哪里？第三，为什么我们的骨干员工、优秀员工对这样的事情会选择沉默或视而不见？

我在想，照这样下去，我们是否会把企业的发展朝着一个不归路的方向延续？是否会将海底捞的文化朝着阴暗的方向发展？我相信我和我们绝大部分员工都不想看到这样的事情发生，但这样的事情就发生了，而且接连不断地发生。我通过投诉知道了这三件事情，那么，还有多少个类似的事情，我不得而知，还有多少个隐藏的"三件事"？

海底捞企业文化中，严禁赌博和通宵上网。心态恶劣、休息不好肯定会影响客人满意度，而让客人满意是海底捞的核心和底线，因此，赌博和影响员工休息的状况必须杜绝。然而，在这些让人难以想象的事件中，却有我们的管理人员或骨干员工参与。我对此也感到很气愤。照此下去，就像袁哥讲的，会把海底捞的文化拖向阴暗方面。由此应该反思，随着海底捞事业的发展，我们的管理水平是否在逐步下降？

【回头望——自我感悟】

组织管理中，非常重要的一点，就是坏消息能够向上流动。差的组织，坏消息会被捂住，上级领导根本就听不到，这种基于被部下扭曲的消息必然会导致领导者决策失误。

针对这三个投诉事件，可以看到海底捞高层对坏消息的重视，同时也能看到坏消息在海底捞是能流动到高层的。泥鳅事件的当事经理被降级为员工，这就是海底捞对客户满意度和客户意见的重视。

袁哥针对三次投诉的反思是每个组织针对出现的问题，进行反思的三个关键点：

第一，为什么这些信息的来源不是我的主要助手，而是离开海底捞的普通员工和来海底捞就餐的普通客人？

第二，我们有那么多的管理人员和优秀员工，他们在哪里？

第三，为什么我们的骨干员工、优秀员工对这样的事情会选择沉默或视而不见？

内心的荒芜

2008年
5月11日

今天是母亲节，给妈妈打了个电话。

好久没回家了，挺想念家里的。跟妈妈聊天时，她不停地唠叨，让我吃好穿好，让我心里有些烦，继而又自责：自己真是不孝，不但不能在爸妈身边照顾他们，有时态度还不好。

越想越惭愧，便打开 QQ 跟同学聊天，把心事和同学说了。同学轩说："不要让自己的个性伤害到自己的幸福！"是啊，我因个性强硬往往容易伤害到别人，在对人的态度上有时太自我，不能很好地为别人着想。

同学“南瓜”说：“反正我现在啥都没有，就是时间多。”听完她的话我特憋闷，直击我的痛处呀，我现在就是没时间，时间都用来工作了。

好久都没有好好读书了，感觉自己在许多方面都在下降，视野越来越窄，思路越来越贫乏。

想起袁哥对我说的话“待人接物要低调，内心要强大”，我感到现在自己内心有些荒芜。怎么让内心强大起来呢？最近进步较大的地方是不怕挨批评。袁哥有时很凶。如果我没错，我会平和地给他讲清楚；如果我错了，我会勇于承担责任。把这样的心态保持下去，也算是强大吧！

【回头望——自我感悟】

在反思中成长，也在反思中突破。“待人接物要低调，内心要强大”这句话，应该是每个人在成长过程中都要思考的点。

对于我来说，容易清高，那种自卑到极点后的自负——不是傲慢到极点的自负，让我容易飞扬跋扈，袁哥这句话时刻警示着我。所有的自卑也好，自负也好，都不利于自我成长，都是内心不够强大的结果。

内心的强大，是基于内心的丰富，而荒芜的内心是无法让自己强大的。

地　震

2008年
5月12日

今天是一个特别的日子。

中午正休息，兴隆从上海打来电话说：“四川地震了，你家离那儿比较近，赶快给家里打个电话吧！”

我忙给家里打了电话，得知家里有明显的震感，但没什么影响。下午，袁哥要我赶快把各店员工家庭的受损情况统计上来，并通知店经理稳定好员工的情绪。他和王姐亲自去店里慰问员工。

店里有不少员工是四川的，很担心他们。

【回头望——自我感悟】

这次地震发生后，海底捞首先做的事情是统计员工家庭受损，并安抚员工情绪，还安排高层亲自到店里去安抚。

这就是海底捞，时刻把员工放在心上，去关注他们的情绪、生活、成长，并通过企业的发展来成就他们。

与人为善

2008年
5月14日

昨天上午，袁哥让我汇报员工家庭受损情况统计，我汇报得不理想，袁哥第一次冲我大发雷霆。第一次挨骂，有点委屈，但我能理解。袁哥因地震的事情心里很难受。各店有部分员工家里的房子受损或毁掉，但没有人员伤亡，很庆幸。

* * *

今天晚上跟袁哥一起写工作总结，直到凌晨两点钟，我还是把日记定位在14号，我习惯将没有天明的黑夜统统归为昨天的延续。

这次四川地震，许多生命转瞬消失，我很庆幸自己仍能够安然地伏在桌子上写日记。生命是一瞬间的事儿，那么多人就在中午那一刻失去了所有，这是谁都料想不到的事情。

谁都不敢保证能见到明天的太阳,今天能活着,那就学会感恩吧!

张大哥在地震后写了一篇《让爱充满我们的每一天》的文章,现在已经发到了每个店。我看完他的文章后,眼睛溢满了泪花。他让我知道了什么叫真正的大爱和与人为善。我用心地把它抄写下来:

让爱充满我们的每一天

这次大地震,我是身在成都地区而没有感受到那种巨大摇晃带来震感的少数几个人,我实实在在地在从简阳回成都的路上睡着了。但此后,那些触目惊心的画面带给我的就不是"震撼"两字能表达的了。数以万计的鲜活生命以及好几个城镇彻底消失,受灾人数更是不计其数,悲痛欲绝的幸存者缺少食物、水和医疗救助,他们失去亲人的同时失去了家园。直到今天,我才第一次真切地明白,我们生活在一个人生无常的世界里。

在这次灾难中遇难的绝大多数人都是普通大众,我不清楚他们身上有些什么样的优点和缺点,我只知道所有人无论贫穷还是富有,无论高贵还是卑微,无论朋友还是敌人,都共同生活在这个地球上,其实我们都是亲人。而为数众多的中小学生遇难者,刚含苞待放就被摧残。在这过去的几天中,我除了和大家一道捐款、捐物、献血外,我每天都会对着电视机泪流满面地祈祷:让鲜花开满这些死者的墓地,让我们有一天静静地去观赏这些美丽的花朵。

根据初步统计的结果,此次5·12大灾难中,我们公司的损失并不大,但也有部分同事的家被损毁,我在这里向所有受灾的同事保证,你们绝对不是孤立无助的,我已经委托施永宏董事,对公司受灾情况进行核实并妥善处理。

我确信:任何事情,无论是突如其来的灾难,还是疾病和贫穷,还是生意上的起伏不定，已经发生的和即将发生的事……都不能把我们分开，不能把我和我的理想、爱隔离开来。我们共同拥有的海底捞必将是一个幸福多于不幸的地方，在这里悲剧和推诿都不是我们想要的，在这里工作，思念和爱将永不停息。

我不想花精力去理解为什么人一定要偷懒和撒谎，为什么会有嫉妒和悲欢离合。我已经明白，在这个世上，好的东西和不好的东西并存，对我而言这就足够了。对于我们海底捞的大多数人而言，你们必须明白，贫穷才是我们面前最大的敌人。

你们要下定决心：要成功才能幸福，要奋斗才能成功。

我还要提醒大家，贫穷和不幸之间不能画等号，正如富裕和幸福是两回事一样，贫穷不可耻，真正可耻的是不择手段以避免贫穷。

作为你们的董事长，我必须知道，也一定要知道，公司的每一个环节上的人是否努力、熟练而饱含热情地工作。你们在过去的十多年里，用你们的实际行动给了我足够的信心。作为回报，我想为大家承诺两件具体的事情：一是公司所有同事及其直系亲属，因重大疾病危及生命的，二是公司所有同事的弟弟、妹妹、子女，因经济原因无法就学的，公司都要加以解决。为此我委托苟轶群董事，做出一个方案。

最后，我呼吁大家：不论阻力和灾难来自内部还是外部，不论它有多么强大，我们都要有必胜的信心，因为我们不仅拥有那么多的优秀同事，我们还拥有梦想、勇气和执著。

海底捞必胜！

【回头望——自我感悟】

与人为善是海底捞最底层的逻辑，对员工好、对顾客好，基本上公司的所有行动和决策，都是围绕这两个关键点进行的。

这两项承诺：一是公司所有同事及其直系亲属，因重大疾病危及生命的，二是公司所有同事的弟弟、妹妹、子女，因经济原因无法就学的，公司都要加以解决。海底捞成立了专门的基金去解决，后来一直延伸到关注员工的留守儿童问题。

企业的根本出发点很重要，也就是企业经营的底层逻辑是关键，表象的所有决策都是底层逻辑的衍生。

一味地想着去赚钱，企业一定会出问题，而如果能想着为他人创造价值或为他人赋能的企业一定差不了。

捐　　款

2008年
5月20日

公司组织为灾区捐款，我捐了500元。

捐款是自愿的，我不能要求别人做什么，别人怎么做我也无法管，我唯一能做的就是管好自己，做好自己。我这次捐的这点钱也微不足道，我希望能帮助更多需要帮助的人，但自己现在能力真的很有限，唯有提升自己，才是我最应该做的事情。

等有了条件时，我就可以帮更多的人了。

那样活着会更有价值。

但不管我有多贫穷和多差劲，我都不会像一些吝啬的人那样，即使在这么大灾难面前，仍然不肯援手。

这几天电视的画面惨不忍睹，我心里发憷，不时在电视机的画面前掉下眼泪，不知道为什么多愁善感起来。

那么多善良的老百姓，他们辛苦奋斗一生，到头来却被地震夺走了他们的一切，老天真的很不公平。我还能活着，相比那些死去的人和失去一切的人，能活着就是最大的幸福，其他的都不重要。

好好地生活，发掘生活中的点点滴滴，不断改善自己愚钝的头脑，思考生命中更多的东西，在这个过程中，我们也许才会真正体会到活着的意义。

接下来，我希望能早日接爸妈来北京一起住，让他们别太受累。

【回头望——自我感悟】

其实没有直接写出来，在这次捐款中有些比我级别高的管理层捐得很少，有100元的，还有50元的，我在汇总捐款名单时，心里很不舒服。

后来我回顾这个事件，我总结“有钱跟有爱心之间隔着一个太平洋”。

5·12地震后，我开始思索人生的意义，而这个问题也一直伴随着我。过程中有很多变换，比如：做一些大事或帮助他人，回头来看还是最初的这个思考到位：“好好地生活，发掘生活中的点点滴滴，不断改善自己愚钝的头脑，思考生命中更多的东西。”

思考人生意义，这个看似有些虚的问题，确实能帮我们看清很多东西，也能让我们看得更长远一点，更能让我们想明白人生成长的一些底层逻辑。

4. 最近有点儿自我膨胀

情绪管理

2008年
5月30日

跟北京大慧寺店的店总徐姐聊天，她开玩笑说："你娃走得挺快，小心栽跟头哟！"

说者无心，听者有意。到海底捞半年多的时间，我做到了袁哥的助理。能跟着袁哥一起工作，这是很多人都比较羡慕的。慢慢地，我心气也高起来了，内心有点膨胀，总觉得自己很优秀，甚至觉得自己是个官儿了，很是与众不同的，别人都应该对自己客气点。

最近我火气比较大。

区域经理执行力不够强，工资表不按时交，优秀案例不按时交。为了在指定时间收集齐，我就给他们打电话催。结果，今天一个区域经理很生气地告诉我："高峰期别给我打电话！"说完就把电话挂掉了。

挂完电话后，我气得把自己的杯子摔了！

不就是区域经理嘛，有什么好牛的？

办公室没人。看着满地的杯子碎片，我心里很难受。昨天上午，给区域经理谢姐打电话说员工工资的问题，她有点急躁，说话态度不太好，虽然后来她特意打电话来给我道歉，但我仍然有些芥蒂。

感觉自己最近和区域经理配合不太好，总能从沟通中感觉到火药味，尤其是我向他们追要材料的时候。我在想，为什么不能按时把所需的资料交上来？为什么要等我一遍遍催促呢？

当然，在催促他们的过程中，我的态度也不太好，也许是我对他们的理解不够。

* * *

大学同宿舍的8个同学，5个人还在待业找工作当中。毕业快一年了，他们还在苦苦寻觅能够发现他们的伯乐，而我已经起步，算是摸出点门道，但路还长。

本来应该珍惜现在的工作，但我现在的心态出现了一些问题。工作急躁不开心，这是件可怕的事情。刚毕业在广西实习时，我总结出：人生应该注重细节、懂得享受。

随着这段时间对袁哥的了解，看到他对待工作认真、专注和细致的状态，我明白人生更需要“务实”。但我在遇到事情时，还是会急躁，急躁到只注重结果，而忽视了一些细节。不去思考，许多生活中的闪光点都被忽略掉，现在回想都是一些空白。

其实生活无非由一些细节组成。一种匆匆过客的样子，会使工作、生活失去意义。

* * *

日三省乎己：

- 有点急功近利，急躁；
- 不够热爱自己的工作；
- 情绪管理能力欠佳。

【回头望——自我感悟】

“走得挺快，小心栽跟头哟！”这是一句友善而接地气的提醒。

袁哥当时是海底捞的核心人物，总经理杨小丽当时休产假在家，袁哥几乎是在履行总经理的职责，他同时还负责管理技术研发部、店面拓展部、创新委员会，又管理北京、上海两个核心区域。我作为他的助理，协助他管理很多事务，这让我在学到很多东西的同时，也让我自视甚高，有些搞不清自己是谁。

当你浮躁时，就容易情绪失控——本来自己脾气性格就不是很温和，也很容易做出出格的事情来。徐姐的提醒，加上自我反省，就让自己对自己有了更清醒的认知，防止犯更大的错误。

务实、细节，这两点总结是非常重要的。有了务实才有细节，有了细节，人生才会更有意义。

张　大　哥

2008年
6月2日

这个月的“天鹅行动”在北京开展。

开完董事会，张大哥这几天都在我们办公室办公。

汗衫、短裤、拖鞋，烟一根接一根地抽，不停地打着电话，督促着一些工程、采购或服务上的事情。他让我给他拿一些纸，他在上面认真地写一些事情。没有一点架子，很朴素，让人很敬佩。

他想的都是怎么对客人好和对员工好，而没有想别人应该对他怎么样。我想这就是我最欠缺的东西。

我现在想的都是别人应该对自己怎么样。当跟区域经理沟通不畅时，我就一心想着做个级别更高的领导，那样，别人对自己态度就会好点儿。这说明我没有真正弄懂成功是从小事做起的含义。急功近利、好高骛远、不踏实、自我膨胀，虽然说经过这么长时间，这些慢慢被磨掉了一些，但根还在，尤其是自我膨胀还根深蒂固地存在着，我还需要吃苦，还需要磨砺。

每个人身上都有一些缺点，要改掉这些缺点必须经过一些事情，经过事后总结反思才能改掉。老天对我是公平的，经历一些痛苦和折磨也是好事情，看到我的缺点并给我机会让我修正，并赋予我较强的能力和良好的品德，我应该知足和感恩。

务实、注重细节、懂得珍惜，遵循这三点人生感悟，逐步探索人生的意义，修炼自己的心性，这也是一件非常美妙的事情。

【回头望——自我感悟】

海底捞董事长，大家都亲切地称他为张大哥，在海底捞其他人也是以兄弟姐妹相称，没有称呼职位，这能更好地拉近管理层与员工的距离。

张大哥本人也很低调和朴实，没什么架子，不会通过外在的物质和装饰让自己看起来像个老板。但他对工作的要求很高，这次近距离地在一起办公，让我感受到了他的认真、严谨、细腻、力度和狠劲。他对员工客客气气，但对犯错高管骂起来很凶悍，很多高管都被他骂哭过。

在海底捞，张大哥就是一个精神偶像，大家发自内心地尊重他，因为很多人通过海底捞这个平台得到了应有的尊重，改变了命运。

对比张大哥时刻为他人着想，我反思自己自私与自我的成分，这也在帮助自己修炼领导力。

务实、注重细节、懂得珍惜，这三点人生感悟也是自己工作这一年来很重要的三点切身体会。其实，很多道理你都懂，但过不好一生，非常重要的原因，就是这些道理或理论没有形成你的体验。没有形成你切身体验的道理它只是个道理。这三点感悟没有什么深刻的哲理在里面，说出来谁都懂，但懂了没有体验到就无法理解其中的深意，也就很难指导自己转变。

随着一个个反思总结，通过自己的切身体验，把一个个道理跟自己的行动结合起来，这很好地帮助了自己的成长。

差　距

2008年
6月8日

不知谁在QQ群里传说我买车了，惹得好几个同学不停地问我：听说你买车了？最后我不得不在QQ签名里注上：我买了一辆自行车。

每天晚上下班回国风小区，我一边骑着车，一边听着汪峰的《飞得更高》，看着前面灯火通明的奔驰总部大楼，有一份快感，也有一份向往。每次路过奔驰总部大楼，看着一些俊男靓女开着漂亮的小车，潇洒地在停车场里出来进去的时候，我心里就会有一些妒忌，也有一些失落。

人活在世上，差距为什么这么大？

袁哥仅仅比我大3岁而已，而他在北京有了自己的车、有了自己的房、有了幸福的家庭。而我现在呢？扔下年迈的父母孤身一人在北京奋斗，仅仅骑着一辆自行车，每天还要从奔驰总部大楼经过，总感觉这是一个莫大的讽刺！

*　　*　　*

以前看别人骑车时可以双手松把，我尝试了许多次都没有成功。今天晚上，就在经过奔驰总部大楼时，我成功地松开了双手！就一瞬间的事。那一会儿，我心中充满了喜悦，有种飞跃的感觉。

回头看着奔驰大楼，我想无事不可为。世上没有什么做不到的！只要你用心去做，很多目标都可以实现！

许多人被自己的恐惧给吓住了，不敢去想，也不敢去做，最终一无所成。

我把MP4的声音调到最大，冲进了小区。我要挣开生命的枷锁，飞得更高。有一天，我也要开着属于自己的车去工作。

【回头望——自我感悟】

如今在北京有了自己的车和房，但每每经过望京的奔驰大楼，当初的心酸和苦楚都会迎面而来。

袁哥成为我一个很重要标杆和榜样，他比我大3岁，他能做的事情，我为什么做不到？

看似在攀比，或者在追求物质，但对于职场新人来说，这会是一分重要的动力。

大学生

2008年
6月17日

给我们做人力资源顾问的理工大学王教授，把他的研究生派到我的“老窝”北奥店当服务员，体验海底捞式的管理。这个女研究生是学人力资源的，在外企工作了一年多，现在进到海底捞当服务员，我很佩服她。她是不会来当服务员的，将来肯定要去职能部门，只是要在一线体验一段时间。

公司的这个规定非常好。所有的职能部门员工，上岗前要先到店里一线岗位体验一段时间，这不但有利于职能部门与一线更好地配合，还能促进职能部门员工提升为客服务意识。只有他们知道一线的不易，明白客人是由一线员工一点一滴服务出来的，他们才能更好地服务于一线部门。

前几天，我特意去看她，晚上我们一起在成都小吃店吃饭，聊了很多。她也是个有抱负的人，能放下相对优越的条件，从服务员做起，是了不起的人物，以后一定能干大事，呵呵。

有点遗憾。我在聊天中，自我的老毛病又犯了。我摆着一副老员工、过来人的姿态，大讲我的想法和感受，没有详细了解她的一些情况，以后得注意。

沟通是主动参与的过程。

在这个过程中，倾听很重要。我要学会接受、思考、理解，并做出必要的回馈；要用心、用眼睛去听，而不仅仅是用耳朵。真正的倾听是暂时忘掉自己的思想、期待、成见。

* * *

今天跟一个大学同学聊天，了解了她的一些近况，深感不平。她英语专业八级，现在工资才拿一千五百多块钱。

我特别难以理解，一个英语专业八级的大学生，为什么工资才拿一千五百多块钱？大学真的白上了？

这样的大学上出来有什么意义？这是教育的悲哀，也是大学生的悲哀，更是我同学的悲哀。

一个英语专业八级出来的大学毕业生，如果收入还赶不上一个普通的农民工多，这是不是一种社会病态？越来越多的大学生找不到工作，社会责怪他们不能吃苦，难道要大学生都像我一样出来端盘子吗？我想没有几个人愿意，我也不愿意。

与其扩招让一些人迷迷糊糊混四年大学，还不如把门槛放高点，真正培养出一些社会所需要的精英人才。

【回头望——自我感悟】

这个研究生叫张瑜，现在还在海底捞美国公司做人力，是进入海底捞的第一个研究生。海底捞让职能部门入职的人和高学历的人从一线做起，这为职能部门服务一线打下了良好的基础。

很多企业，职能部门不是服务一线，而是管理一线，他们站在自己的部门角度不断给一线提要求，使得职能部门和一线之间存在巨大的隔阂。这种隔阂，让组织的协作流畅度下降，彼此掣肘现象严重，最终导致企业效率下滑。

5. 毕生的追求

物　流　站

2008年
6月23日

投资几千万元和美国夏晖公司合作建立的新物流配送中心，特别的气派。

我们一定要让客人近距离地感受到我们的进步，因此，公司近期开始组织客人参观物流站的活动，让客人到海底捞消费时更加放心。公司专门用来运送客人的大客车还没有从外地回到北京，于是公司今天先组织几辆小车带客人去参观物流基地。

早上，我们准备好了早点，等客人到齐就餐后，就带他们前往大兴物流基地，去参观我们的物流配送中心。应邀而至的客人大部分是我们的老顾客，对海底捞的运作模式比较熟悉，他们对参观新建成的物流中心都非常感兴趣。

到了物流中心，我们首先带他们参观了收货中心，客人对我们的收货标准连连称好。有的客人赞叹不已，说这些菜比他们在家里用的都好。参观完收货中心，又参观了蔬菜清洗中心。经过严格验收的蔬菜在第一道工序"摘"完后，被整齐地装入菜篮子，然后送到大型的清洗机上。装入篮子的菜品被放入输送带，经过长长的上下颠簸，加上臭氧消毒，就被送入最终的平台，先甩干，再摘选，放入保鲜箱，送入保鲜库。

我们又让客人换上参观专用的衣服和鞋，进入下面的操作间去参观。

在近距离参观了洗菜机后，我们又带客人参观了消毒中心、保鲜库、冷冻库、小吃制作间和食品化验中心。

参观完后，我们进入休息间，给客人上了小吃、水果，把海底捞视频播放给他们看（再过一段时间，成都的加工中心就可以在这里通过视频观看，那样会更震撼）。看完片子，不相识的客人们互相交流了今天的感想，彼此留下了联系方式。许多客人对我们的物流基地大加称赞，也有客人给我们提出了宝贵的意见。

从物流基地回到店里，我们请客人吃火锅。

今天的客人都很有修养。让大家随便点菜时，他们都不好意思点取贵一点的菜品，互相推让着。前几天，就有参观的客人故意点取五粮液的现象，这让有些员工想不通，打电话建议管理部门制订一个标准。这个意见我反馈给袁哥后，袁哥说不要限制，让客人随便点。既然请别人吃饭，哪有限制的道理。

我很喜欢邀请客人参观物流站这个活动。

袁哥讲，通过这个活动，可以将我们的服务延伸到客人的家里面去。通过参观我们的物流基地，结合讲解，客人会了解许多食品安全知识，了解到什么是好的菜品，客人在家里买菜或做菜时也用得到，同时到海底捞就餐时更放心。

我认为，参观物流基地还有两点好处。第一，更好地拉近与客人之间的距离，使双方建立深厚的感情。通过把一群互不认识的客人组织到一起参观、交流、就餐，建立起客人之间沟通的平台，进而加强海底捞在客人之间的口碑宣传，这比做广告的效果还要好得多。第二，通过这个活动，会增加客人对我们的信任，提升客人的忠诚度。

这个活动是一个非常聪明的做法，成本不算高，但收效很大，非常值得。每次带客人参观完物流基地，看到他们愉快地离开，我都会感觉很自豪。

【回头望——自我感悟】

海底捞在建设品牌的过程中，没有通过营销广告去宣传自己，而是通过一些扎扎实实的行动去链接顾客，真正去为顾客做一些力所能及的事情，给顾客带来真正的实惠，这也是一种服务的延伸。通过带顾客参观物流基地，一方面帮助顾客了解食品安全知识，另一方面让顾客对海底捞更放心。

海底捞后来出了些食品安全事件，最后都很好地化解了，原因就是海底捞食品安全管理在业内是领先的。

通过这则日记，也能看到海底捞抓食品安全是很早的，2008 年在很多企业没有意识到食品安全多重要时，海底捞已经行动，并且邀请客人去参观，这是一种企业自信。

创　　新

2008 年
6 月 26 日

我的师傅王姐已调到总公司审计中心，我全面接管了总经理助理的工作。

袁哥现在兼任公司技术研发部部长、创新委员会组长和店面拓展部部长，我必须全力以赴才能跟上袁哥的节奏。再加上新增的带客人参观物流站、收集员工创新方案等事情，我的工作变得异常繁忙起来。

为了更好地推动创新工作，调动员工提交创新方案的积极性，袁哥安排我专门负责收集员工创新方案。我的手机要保持 24 小时开机状态，门店员工任何时候有了创新方案，都可以直接打我的电话，我要现场记录并客气地对员工表示感谢。收集的创新想法或方案，我要整理成电子版并先行初审，经袁哥复审后，我再逐个打电话回复员工。而且，还要对北京、上海的创新提交情况进行总结，将评审通过的创新提议交给相关部门落实执行。

这个工作是一个繁杂的过程，也是锻炼我耐心细致工作能力的过程。虽然有些手忙脚乱，但是我感觉很充实。

今天上午休假，去附近的电影院看了一场电影。

从电影院出来后，看到手机上有二十多个未接来电，估计是员工报创新打的电话。随后，在下午员工休息时，我逐个把电话打回去。

对待员工提交创新方案这件事，公司可以用小心翼翼来形容。

回复员工的话语方式，袁哥都会给予详细要求，唯恐伤害了员工提交创新方案的积极性。这既是尊重员工的体现，也是公司重视创新的风范。很少有公司能如此重视员工的想法和建议，而我们做到了。

每月我们都可以从员工那里收集到几百个创新方案。虽然有些创新方案只是员工的一些简单想法，但也有许多非常好的点子和方案，这些都是公司的财富。海底捞能拥有如此多完美的细节服务，这与公司重视员工的创新分不开。许多服务或管理的点子，都是员工经过认真总结得来的。

一个能重视员工想法的公司，一定可以走得很远。员工是最了解客人的，客人的满意来源于员工。

【回头望——自我感悟】

创新是海底捞非常重要的机制，创新大体上分两个类别：一个是流程制度类创新，另一个是业务创新。对提出这些创新的员工，既有物质激励也有精神激励，比如有的创新用员工名字进行命名。同时，海底捞对管理层也有创新考核。

通过创新制度，激发群体智慧，这既是对员工尊重的体现，也是组织活力的关键源头所在。

经历这么多公司，对员工想法如此重视，海底捞是为数不多的企业，其他企业很难做到。海底捞真正能把员工的想法用好，也能真正给企业带来源源不断的发展动力。

袁哥的不满意

2008年
7月6日

最近袁哥对我的工作不太满意。

他对我的期望值很高，而我自己却没有太大长进。

今天中午，他打电话明确告诉我："你最近工作没有太大进步！"

这值得我深思。全面接管助理工作以来，在许多事情的处理上，我显得有些被动。没有拼命地去学习、工作，对许多新开展的工作没有多少经验，是我没有多少进步的根本原因。很感谢袁哥能真诚地给我指出来。

他希望我能成长得更快点，我自己现在有些不争气。

能跟一个要求比较严格的上级共事，这对一个初入职场的人来说，是一件非常幸运的事情。尽管这样可能会使你在工作上压力比较大，而且会经常挨批评，但在这种氛围之下，你会快速成长和进步，为以后的职业发展奠定良好的基础。

我很幸运能跟袁哥这样一位要求严格的上级共事。虽然他对我现在的工作有些不满意，但我会很快用事实证明我的能力，我不会让他失望。

【回头望——自我感悟】

袁哥对我要求很高，加上工作本身具有极大的挑战，让我成长进步很快。在给他当助理这段时间里，学的东西可能是待在门店一年也学不到的。

职业初期，遇到一份能促进自己不断成长进步的工作，再加上一个严格要求的领导，真是人生的一大幸事，很感恩自己职业初遇到这样的机会。

篮　球　赛

2008年
7月11日

今天心里有点烦。

我一手组织的本季度北京片区篮球赛今天进行决赛，整个过程都很热闹，但颁奖仪式弄得很差劲。袁哥去开会了，没有过来致辞。奖杯也没有。最后，只能自己代表袁哥讲话，分量不够重。如果提前安排好，效果会好一些。

这些细节是很重要的事情，因为收尾工作做得不好，影响到了比赛的感觉，使得本应该是一次圆满的比赛，出现了功亏一篑的感觉。

篮球赛是利用员工业余时间进行的。大家打完球还要回去上班，挺辛苦的。可是打球的过程中，队员的热情丝毫不亚于那些专业球员。

搭建一个平台，让员工施展自己的才华，这是公司尊重员工的举措之一。接下来，公司还要组织演讲、英语口语、书法比赛。任重而道远，以后在组织类似的活动时，我一定要考虑周全，杜绝纰漏。

【回头望——自我感悟】

海底捞通过各种举措去尊重员工，让员工的才华得到施展。这不但能让员工的业余生活丰富起来，让他们的才华得到展现，更重要的是从内在激发了员工。

这也能让员工建立起很强的职业自信，对企业又能建立起很强的认同感。

滑　冰

2008年
7月16日

今天学会了滑冰，这对我来说是一次征服，一次突破。看到电视里专业滑冰队员的精彩表现，我曾梦想着自己也能学会这个技术！今天，跟朋友一块去滑冰场，就想突破一下自己。没想到，还真成功了！心中充满了成功的喜悦。第一次穿冰刀鞋进入滑冰场，很新鲜，连摔了几跤才站稳。心里很恐惧，怕摔倒，结果不是前趴就是后仰。既然怎么弄都是摔，那就干脆不管了，索性大胆地往前滑。可就在这时，我竟然没有倒，立住了，而且还能像婴儿学步似的，蹒跚地绕着冰场滑了半圈。

哈哈，这可没想到。

几圈下来，我竟然能像模像样地在冰上滑了。

可就在我得意忘形时，一个跟头，把我摔出去三四米远。

我得出了教训：学滑冰时，精神一定要专注，放下担心和恐惧，目视前方，勇敢地往前滑。切不可大意，否则，即使学会了，依然会摔倒。

在冰场上，我尽情地释放着内心的激情，伴随着耳畔的风声，所有的烦恼都化为乌有，大惊小怪的吆喝化成一曲醉人的圆舞曲。

人，需要不断挑战自己，也需要不断突破自己，时时在与“不可能”做斗争中得到成长和提升。我要认准目标，专注手头上的事情，放下一切顾虑，不断学习、不断突破，使自己的工作能力和综合素质得到不断提高，以胜任更艰巨的工作。

在接下来的日子里，我要像野草一样疯狂生长。

【回头望——自我感悟】

人是需要不断突破自己的，在原地打转你很快就会厌倦自己的生活，只有不断突破自己的舒适区，去挑战一切的可能性，人生才会精彩起来。

想想当初挺傻的，一个滑冰就可以让自己这么兴奋，就因为这是自己的一次突破。

像野草一样疯长，总结得很到位。人要成长，得有股狠劲，抓住一切可能性，砥砺前行。等着别人呵护，被动成长，你可能永远“长不大”。

两个偶像

2008年
7月25日

从小长这么大，我并没特别崇拜过哪个人。

现在，我有了两个偶像：阿里巴巴的马云、海底捞的张勇。在他们身上，展现出来的是一种大智慧。对事业的热爱和执著追求，让他们的魅力无限。感谢上天，能让我在海底捞这个平台不断成长的同时，也能亲身接受张大哥的殷殷教导，感受他那博大的构想和人性的善。

马云说：人生是一个过程，不是一个目的，所以你经历多少，犯过多少错误，这才是最宝贵的财富。

两个偶像，对我启发颇多。

最近一段时间，我做了一些事情，也做错了不少事情。我相信，这会成为我未来的一笔财富。成功是失败的累积。失败的次数越多，也就证明你成功的机会越多。

【回头望——自我感悟】

我都忘掉了自己曾经会把马云和张勇列为自己的偶像。但不管怎么讲，在商业上，这两位今天依然是中国民营企业的标杆和榜样。

当然，也看得出来我的野心是很大的，我想干一番事业。

经历是财富，现在回看，依然喜欢这个总结："成功是失败的累积。失败的次数越多，也就证明你成功的机会越多。"

制定目标

2008年
7月30日

毕业一年了，将自己的目标再次梳理一下：

我曾经在心底里承诺：

- 做一个有爱心的人；
- 成为一个企业家，拥有自己的企业，赚一些钱去帮助需要帮助的人；
- 让自己的人生更有意义，不能枉活一辈子。

学习目标：

- 将管理这门艺术吃透，融汇中国传统哲学与西方现代管理理论。

座右铭：

- 关爱别人（多替别人想想）。

处世之道：

- 热情、积极地生活，关爱别人，学会交流沟通。

事业目标：

- 近期目标：2009 年 4 月份前成为门店总经理；
- 中期目标：在海底捞做到大区经理；
- 远景目标：成为餐饮界的风云人物。

成为一个有爱心的企业家是我终生的追求。

很明显，我现在欠缺得太多太多。马云讲：创业者最重要的事，就是学会与人打交道。这是我目前所欠缺的。我比较自我，在与人打交道方面，主动性就差了许多，说白了，就是自己的情商还不够高。

把姿态放低，你就成功了。放低自己的姿态，你才会看清自己的不足，看到别人的优点，虚心听取别人的意见，促使自己不断积极进取。海底捞之所以取得成功，很大的原因在于海底捞人具有谦虚进取精神。

海底捞西单店是北京片区状态最好的店，这得益于店长陈姐的低调。

每次我去巡店，她都会很谦虚地问我："今天发现什么问题了？"

我在北京、上海巡店很少遇到这样姿态的领导。一位优秀店总，还是我的前辈，但对于我一个小毛孩子，却能如此低调和谦虚，真的让我很敬佩。

马云讲："比较自负的人，情商都低。把自己降低以后，情商就会高起来。"讲得真好！我就是因为自负与自我，使得自己的情商有时极低，又特别敏感。相信经过海底捞这个平台的磨砺，以及海底捞这些低调、谦虚优秀人才的熏陶，我的情商会越来越高。

虽然现在有了目标，但就目前自己的状况看，距离目标实现的道路还很长，成长过程中还会遇到许多困难。

唯有磨砺，别无他法。

无论遇到什么困难，都要给自己信心，给他人信心。在艰难的处境里，稍微坚持一下，你将获得非凡的人生。人生宝贵的财富，一定来自艰苦环境里的抗争。

【回头望——自我感悟】

清晰的目标，才有实现的可能性，才能让我们更好地发现自己的不足和问题。

2008 年树立的目标，今年是 2020 年，12 年过去，这些目标基本都在逐步地实现和应验，甚至超越预期。

比做不到更可怕的是自己想都想不到。但凡自己想到，并图景化的目标，只要不是太离谱，你通过努力都能实现。这是我无比坚信的一点。

目标牵引能让我们克服很多困难，克服情绪、克服能力不足、克服挫败等。

“成为一个有爱心的企业家是我终生的追求。”这个至今没变，我一直在努力地做好自己企业的同时，把真正实用有效的管理通过写书、写文章分享出去。

情商的缺陷尽管 2008 年我都认知到了，但至今也不高。我有太多的棱角和自我，我喜欢坚持按自己的方式去生活，率性地活着比什么都重要。

今天我认为，真诚比我们通常认为的情商更重要。当然，情商里的感受他人、理解他人这是领导者必须要做的事情，低调、谦虚也是应该具备的品质。但情商并不是要我们做到让每个人都喜欢。如果你是领导者，每个人都喜欢你，那只能说明你还不是一个好的领导者。

三
在工作中成长

所谓的内心要强大，指的是一个人应该建立比较清晰的世界观，对人对事具有自己独立的判断，不会轻易被别人所迷惑。随着我们在职场上逐步游刃有余，比较稳固地占有了一席之地，那种自得的情绪便会像青春痘一样如期而来。这是一个人必须经历的过程，仿佛不如此，人生便不会圆满了。人生只有经历了“逆境—顺境—再逆境—再顺境”的过程，才算完成了哲学意义上的“否定之否定”，内心才会开始变得强大起来。

1. 见贤思齐

上 海 巡 店

2008年
8月13日

今天跟袁哥一起到上海，心情不错。

袁哥让我深入服务中去发现问题，他说："笨鸟先飞，你经验没有老经理多，就要多做事情。"他讲得很有道理。海底捞大部分的管理人员，都是从基层通过几年的打拼一步步做起来的，而我到海底捞工作还不到一年，虽然学历高点儿，但在其他方面，我和现有的管理人员都有很大差距。所以，只有通过多做事情，才能缩小与大家的差距。

除了新开的三店外，上海门店的经营状态都很不错。听一些早到上海的同事聊，上海人是瞧不起吃火锅的，上海人常说："火锅是穷人的聚会！"但是，上海一分店通过努力，不但和北京门店一样做到了客人要排队等餐，而且来海底捞吃饭的上海本地人也越来越多。

海底捞正在改变着上海人对吃火锅的看法。

如果一个企业能改变公众思想观念的话，那么它将所向披靡。海底捞就做到了。比如：北京北奥店所在的商铺，之前开业的几家餐馆都倒闭了，而海底捞在此开店后不但赢利，还创造了排长队等餐的奇迹。因为海底捞通过管理团队和全体员工的努力，快速转变公众的思想观念，使得来此消费的客人信任有加、乐此不疲。

但上海三分店的生意不太好，位置比较偏，又太大，现在每天都在亏钱。当然，海底捞许多店开业时都经历过这种折磨，没有过多的宣传，只是慢慢通过客人的口碑宣传开来。袁哥讲，这是为了培养员工的忧患意识。三分店的服务不太理想，而且明显感觉上海的服务不如北京，员工的热情度不高。这让我很担心，照这样下去，三店不知还要亏多久。

发自内心地希望海底捞好。因为有这么多踏踏实实做事的人，不希望它发生改变。

【回头望——自我感悟】

笨鸟先飞，当你的经验不足时，只有通过多做事情才能获得更好的成长。大学毕业，很多时候我们心高气傲，高不成低不就，大事做不了小事不想做，这样往往会浪费掉很多时间。不管喜欢还是不喜欢，多去做事，每多做一件事就是一次成长的积累。

海底捞并不像外界想的那样，好像开一家火一家，他们也是一家家开一家家慢慢经营起来的。海底捞开店不会大量地做宣传和推广，开业的活动比较土，管理层带着员工拿着小吃饮料去送周边的客户，顺带发名片。比这个更重要的是，服务好来的每一桌客人，然后通过口碑宣传，一桌桌地抓顾客——抓顾客满意度。

袁哥讲，之所以不进行过多宣传，是培养员工的忧患意识，我想这还在培养大家的经营意识。

海底捞在经营管理中，并不是有多高的妙招，只不过把一个个接地气的实践做通透了而已。企业的成功，并不靠炫技，靠的是踏踏实实一步一个脚印地把每个细节做扎实。

踏实进取

2008年
8月16日

第一次来上海，完全是跟着公司拓展部四处考察，比较轻松。这次是第二次来上海，是要巡店检查的，有些压力，也是一个学习的好机会。

现在内心深处又有些躁动，不够踏实，有点好高骛远，总觉得手头上的事情没有多大意义，而想去做一些自己没有做过的工作。其他工作的新鲜感吸引着我，让我不能专注于当下。当自己熟悉了一个岗位后，那种最初的新鲜感渐渐退去的时候，内在的兴奋和紧张感也就没了。

当这种状态持续时间过长，就会使得一个人疲惫，内在的激情也就磨灭了。而无法持续保持激情、学习进取的人，就只能平庸无为。

* * *

今天去了上海正在装修的四店、五店。

大学同宿舍的同学兴隆在这里做工程核算。他请我吃饭，我们一起聊了很多，感觉特别亲切。来海底捞工作，很大程度是兴隆撺掇的。大学时他给我介绍过女朋友，毕业后又给我介绍工作，现在还在同一家单位打拼，真是我的知音。我们从过去聊到未来，从大学聊到海底捞，从理想聊到现实，很是兴奋。

回到三店后，认识了上海片区的财务经理小田。

她刚26岁，现在已经是上海片区的财务经理了，这让我感到很惭愧，也鼓起了我在海底捞干出一番事业的决心。人家能通过几年踏踏实实的工作，成长为今天的样子，我为什么不能？小田取得今天的成绩，并非别人给予她的——海底捞给大家提供的是一个公平公正的平台，是她自己不懈努力才有了今天。踏踏实实地做事，不断地学习成长，一定会取得非凡的成就！她值得我学习。

五店店总杨赞给管理人员出的考试题很有意思，什么通过“商鞅变法”看管理、“马斯洛需求理论”及一些拓展训练题。虽然对一些文化程度不高的人员来说，这些题可能难度有些高，但他的学识还是让我挺佩服的。他是进入海底捞的第一批大学生，现在应该是职位最高的吧！相比他而言，我也是大学生，但我知道的却太少了。现在有一些空余的学习时间，可我都白白地浪费掉了。

他的做法也促使我加强学习。

【回头望——自我感悟】

总感觉眼前的事情无趣、无聊、无价值，总想去做一些大事。这是职场人很容易产生的想法，尤其是大学毕业生。

然而，真正的成长是通过把眼前一个个小事做透，把眼前的小事干好。长期坚持把一件平凡的事情干好，这就是非凡。

成功源于一个个扎扎实实的行动，成功是干出来的，不是选择出来的。

悟到这些道理后，再看到26岁的财务经理小田，以及店总杨赞，都给了自己很大的刺激。这让自己知道差距和不足，让自己能更好地专注当下而不浮躁。

关于命运的思考

2008年
8月19日

人往往在逃避命运的路上，却与之不期而遇。

——《功夫熊猫》

今天回到了北京。

经常北京、上海两地跑，很多人还比较羡慕我。其实只是表象而已，我的工作做得并不理想。这次到上海巡店，明知要检查一些升迁考人员的情况，但袁哥安排工作时没有提出，我就没主动去做。结果今天袁哥问到时，因怕挨骂，我只能凭主观感觉瞎编，说“升迁效果不明显”。这是极其不负责的做法，不是一个助理应该有的行为。这种被动，对自己的素质提高是很不利的。

袁哥之所以在来上海时就对我讲“笨鸟先飞，经验不足要多做事”，可能他已经发现我现在的问题了。在他已经提醒我的时候，自己还犯浑，真是不可原谅。

* * *

要调整好自己的心态，多做一些事情，加强学习，以便能更好地工作。

虽然现在做了一个自己当初并不喜欢的行业，但条条大道通罗马，贵在坚持。任何一个行业只要坚持 10 年，不断努力进取，一定会有所成就。既然选择了餐饮，那就给自己 10 年时间，坚持做下去。踏踏实实地潜下心来，定会收获多多。

一件事一件事地深入进去，即使原本枯燥乏味的事情，也会变得有意思起来。沉下心来，感受时光的分分秒秒、生活的点点滴滴，将会获得一个全新的自我。

* * *

命运无法选择，常常会与我们不期而遇。

我们唯有倾尽心力，靠自己的努力把命运变得精彩。

许多事情会意想不到。人在逃避苦难时，苦难也许就不请自来；人在逃避麻烦时，麻烦也许就紧追不停。只有坦然面对，用心去体会和感受命运的点点滴滴，我们才能活出个人样儿来。

马云说:“别人可以拷贝我的模式,但不能拷贝我的苦难,不能拷贝我不断往前的激情,这个东西你一定要记住,这是你的核心竞争力。”

我的核心竞争力,就是我在海底捞吃到了别人无法吃到的苦以及我永远向前的激情！即使我一次次被打倒了,我也能一次次顽强地站起来！

【回头望——自我感悟】

工作被动,明知要做的事情没有做,要么是忘了,要么是不想去做,等领导问时就“胡说八道”,不光我一个人这样,后来我发现很多职场人都这样。表面看,可以让自己免于挨骂,能保住面子,但实质上却在阻碍自己成长。

想要真正地成长,必须放下虚假的自尊和面子,真实地面对自己,敢于面对一切批评和责难。

你吃的苦,犯的错,永远保持斗志的激情,是任何人无法模仿的,这才是你的核心竞争力。

片区例会

2008年
8月23日

今天开北京片区例会,议题有三项:讨论流于形式化工作的开展情况;奥运期间生意下滑,我们应该采取什么措施度过海底捞的“冬天”;反思日益下滑的服务水准等相关议题。

针对流于形式的工作,袁哥讲:“大家整理汇总了流于形式化的工作,也找到了解决办法,但思路没有展开,还是按照以前的做法在做。工作提出来,但推动时就流于形式,如何找到好的方案,使工作方案得到突破?”

哪些工作是流于形式而无法突破的？如：金豆银豆、优秀案例、客户交流会、交叉巡店、报喜制度、特勤小组、爬山图等。这都是平时管理的问题、引导的问题。大家都知道该怎么办，只是大家不去做，那你就提不出好的方案。我们的工作是不是真的有效果？每一项工作不能全部否定，但要总结哪些是好的，哪些是不好的。流于形式，是我们要求不严格、督促不及时，没有用好的方法去引导。

客户交流、有效授权、对员工的关爱等核心工作要亲自抓，一定不能流于形式化。这些工作流于形式，我们海底捞离死就不远了。工作日记要写出自己的收获和感想。大家要积极地学习和思考。

人有两难：惰性、超越自己。我们每天都在和惰性作斗争。日记一定要坚持写，这样才能使工作得到推动和突破。随着时间的推移，大家对一些工作产生倦怠情绪。有些管理人员理解不了公司开展一些工作的真正意义，没有用心去做好，导致客户交流会、交叉巡店、优秀案例、创新申报、关爱员工等工作流于形式。有的管理干部虽然按照要求做了一些关爱员工的事情，但反而让员工感到很假，适得其反，还不如不做。

这些问题归结起来，就是大家有惰性和无法超越自己。如果这两点克服了，那就相当了不起。在这两点上，我要想办法去克服。对于惰性，要通过加强锻炼来克服；在超越自我方面，要通过突破常规和习惯性思维来解决。

奥运会期间，我们的生意受到一些影响，尤其是北四环鸟巢边的北奥店受到的影响比较大。虽然通过外送得到了一些缓解，但内部管理还存在问题。

针对北奥店的经营，袁哥进行了深入的分析：

“我们要对这次困难的解决进行总结，以便下次淡季来临时有更好的解决方法。措施就是外卖。我们要让店经理做好思想准备。开展外卖业务，我们只是提供服务，不指望它赚钱。练好内功是重中之重。如果我们把内部每桌客人抓好的话，我们就不怕外部的困难。我们平时所说的满意都是表面的满意，我们并没有思考客人在哪些方面满意。我们要找出周围的竞争对手是谁，分析别人的优势和弱点，想办法去争取客源。

“最近生意下滑，表面上看，是与奥运会有关，但根本原因是我们从上至下出了问题。一是2007年生意太好，日子过得太舒服，我们得罪的客人太多，不经意间在安排座位、订餐时就把客人得罪了；二是员工、店经理在不停地更换，拉大了我们与老顾客的距离，使得客人离开了我们；三是销售收入在6—8月连续下滑，但我们没有认识到，没有紧迫感，反应得太慢了；四是现在很多老员工在起反作用，他们起的反面作用影响非常大，公司要求老员工去示范和指导，但他们没有起到这个作用。所以我们的生意一步步地在往下滑。

“严格做好内部管理工作，抓好骨干人员的士气激励（工作），树立一批新的骨干，这才是关键。现在很多的门迎、订餐人员，问他们上客多少桌都不知道，一问就是不晓得。这都是我们在要求上、引导上出了问题。一个店，如果一天没有经理、没有大堂负责人，不会出现太大问题，但如果消费氛围不好，就很可怕。之所以要提拔这些干部，就是让他们去解决一些问题，但现在出现了问题，却没有更好地去解决。很多问题，不能让问题很大时才去解决，要从小处做起，一点点地给予纠正。在每一个环节，我们都过滤一下，比如门迎、接订餐、保洁、服务员、传菜员等，在这些环节能不能增加客人的舒适度和满意度。”

与同期、上期对比，我们的生意有一些下滑，客观原因是奥运期间门前道路禁止通行。但袁哥并没有找任何借口，而是从我们内部探索原因，挖掘潜力，以期寻找新的利润增长点。

海底捞之所以能常打胜仗，其主要原因就是无论面对什么样的情况，海底捞人都不会推脱责任，寻找客观原因，而是从自己主观方面找根源，千方百计地去解决客观原因给我们带来的问题。时刻清醒，我们才能长盛不衰。

【回头望——自我感悟】

海底捞会开得很好，非常高效和务实。

会前会收集议题，店总及职能部门负责人都要提交会上要讨论的议题，我先进行梳理，把没必要上会的问题私下协调处理掉，上会的议题都是需要大家讨论解决的问题。

确定完议题后，我要把每个议题讨论的时间限定好，最后与袁哥确认。随后发给管理层，让他们提前准备，准备材料或思考议题解决方案。

讨论时，每个议题限定的时间结束，必须停止，然后进入下一议题，这就保证在有效的时间内高效地把问题讨论完，避免大家东拉西扯。

会上讨论，大家都要充分发言，提出自己的解决方案，袁哥作为主持人最后协调拍板。

会议决策后，就要下催办单，要具体到任务、责任人、完成时间等，然后我要围绕时间节点去跟进，且要在下次会议对上一次会议执行情况进行复盘。

通过这次片区会议的内容，我们看到海底捞管理层能就问题进行深度思考，不浮于表面；永远找自己的问题，不会随意地找客观环境的问题；把服务顾客放在首位，而不是把赚钱放在首位。

2. 海底捞的大智慧

《奋斗》

2008年
8月27日

这几天，抽时间看了几集电视剧《奋斗》。其中有些台词非常好，我把它摘抄下来：

经验只有在痛苦中才能获得。

对于人来说，任何经验都是有用的。

你除了让自己变强以外，其余什么都没有用。

人们比较倾向于在这个瞬息万变的世界里，抓住一些可靠的东西，然后展开有限的人生。

看着这些话语，感觉说得蛮有道理的，对自己也是一种激励。

今天在给袁哥汇报工作时，他说不希望我做普通员工的工作，希望我能给他提一些建设性的建议。

能看出，他对我汇报的情况不太满意。我没有抓住问题的本质，只是将检查时的一些表象告诉他。想着自己9月份将要下一线去管理团队，所以有时候心思就有些偏离主业，工作出现了一些不该出现的问题。

虽然在袁哥身边很光鲜，但只是辅助袁哥工作，而我更喜欢自己带领团队打江山。

目标与现实有些差距，我没能专注于真正的重点。

* * *

昨天晚上去北奥店找好友陈志碧，我们一起去KTV唱歌，整整唱了一个晚上，很痛快。但今天依然得面对现实选择的问题，很焦灼。想想《奋斗》里的那句话——“任何经验都是有用的”，还是先调整好现在的工作状态，把眼前的工作做好吧。

【回头望——自我感悟】

袁哥不仅是对我，对其他部下也是这样，不断地鼓励大家去成长和进步，并抱有希望。后来跟过袁哥的人，都能感受到这份浓浓的成就他人之心，袁哥无形中践行了领导力的真谛。

领导力就体现在成就他人、成就部下之中。

退一步海阔天空

2008年
9月2日

最近情绪比较低落，很烦恼。

李姐前段时间也调到片区来检查工作。她原来是西单的店总，因工作不理想被降级学习后，就回家休息了，这次回来被安排在片区巡店检查工作。

今天，因通知开会的事情，她责怪我没通知她，而我明明已经通知她了，于是我就跟她吵了起来。事后想想，自己心胸还是不够开阔。

忍一时柳暗花明，退一步海阔天空。与人针锋相对，对自己并没有好处，不但自己伤心伤肝，还会伤害别人。

《越狱》里面有句话：要是我们迷失了自己，也就失去了一切。一个人被情绪左右时，就很有可能迷失自己。现在有点迷失，好在自己能清醒地认识到，这就不可怕。

* * *

晚上开会时，袁哥宣布了人事变动。原来的小区经理王姐只管七店，不再管一店；李姐去接管三店；一店、三店由袁哥直接领导。

袁哥讲："王艳更多的是抓事儿，而没有抓住人心。"有了员工满意度，就有了一切。

王姐这次从小区经理降为店总，很大的原因是她没有抓住员工的心。她只管理两家店，但两家店在客人满意度和员工满意度上都不是很理想。员工满意度和客人满意度是非常重要的。

一个管理人员，在管理时一定要严爱相宜、奖罚分明、率先垂范，这样才能塑造好的氛围，让员工保持高昂的斗志，进而提升客人满意度。

前期的西单店总李姐被降级学习，和这次区域经理王姐被降成店总，都是因为顾客满意度和员工满意度出了问题。而要做好这两点，需要管理人员学会为人处世和与人为善。

她们应该在这两点上反思自己。

【回头望——自我感悟】

一直以来自己情绪控制能力很差，容易跟人产生矛盾，这其实是包容和胸怀不够的体现。控制不好情绪，也容易引发员工不满。

小区经理王艳被降级，是因为只抓事儿，而没有抓住人心。这是管理的真谛，任何一个管理者如果不能凝聚人心，他就无法真正领导别人，只能靠权力和地位去控制他人，这样是无法拥有真正的领导力和团队凝聚力的。

“严爱相宜、奖罚分明、率先垂范”,这也是管理的命脉,做到这几点,管理就基本上道了。

禅　修

2008年
9月6日

生活真的很不容易,有时孤独、有时迷茫、有时郁闷、有时低沉、有时压抑、有时兴奋、有时喜悦……有时会莫名地惆怅。

在走过的路途中,就像炼狱一样,我们得经受各种磨炼,除非我们心甘情愿地过着傻乎乎的日子。

乒乓冠军张怡宁曾经对记者说:“我从来没有因为输球就觉得自己不行了,学会面对失败才是真正的超越。”

我也一样。虽然我现在什么都没有,但我从来都不觉得自己不行。我的信心很足,有些事情完全可以把它做得很好,但我就是投入度不够,这方面我得加强训练。

今天开始,我要通过每天晚上坐禅10分钟,让自己静下来,调节自己的情绪、训练自己的专注力,让自己平和地面对一切事情。

【回头望——自我感悟】

不断地鼓励自己,是成长过程中必不可少的。

当他人和社会把你不当回事儿时,你必须把自己当回事儿,通过不断的自我激励去战胜困难和挫折,积攒发展的动力。

当他人和社会都把你当回事儿时,你不要把自己当回事儿,通过谦卑的自我修炼克服傲慢和自负,减少自满的消极力量。

海底捞的大智慧

2008年
9月15日

昨天到了上海，跟袁哥一起起草上个月的工作总结。

今天上午，去义乌选购儿童玩具礼品。

下午，我们从杭州萧山机场坐飞机回北京。

按公司财务制度规定，我这个级别乘坐飞机是不能报销的，是袁哥帮我掏了机票钱。上了飞机后，袁哥的座位是靠窗口的，他特意跟我换了座位，让我坐到窗边，观赏窗外的景物。在飞机起飞和降落时，他饶有兴致地指着窗外，给我介绍外面的世界都是些什么地方。

他这一个小举动，让我倍感温暖。我感觉到身边的袁哥不再是一个高高在上的领导，而是一个和蔼可亲的大哥哥。这次到义乌选购送给小朋友的玩具，本来没我什么事，我来与不来都可以的，但袁哥为了开阔我的视野，特地叫上了我。义乌之行确实让我大开眼界，亲身体会到这个小商品之都的独到之处。

感动的同时，也激发了我工作的热情。我甚至想，待在袁哥身边也不错，不但能学到他为人处世的方式，还能够不断开阔眼界。

* * *

回到北京的办公室，袁哥接受了北大光华管理学院黄铁鹰教授的两个研究生的采访。这次采访是为黄教授研究海底捞做铺垫的。

前一段时间，中央电视台、北京卫视为我们制作了几期节目，海底捞的名气越来越大了。现在北大光华管理学院的特聘教授黄铁鹰又来专门研究海底捞，海底捞的管理经验将要搬进大学课堂呢。我内心有一些自豪，也有一些担心，因为我们做得并不完善，还有许多问题困扰着我们，希望黄教授这次的研究，会对我们有促进作用。

其实，袁哥等海底捞高管是很不愿接受媒体采访的。

他们认为自己做得远远不够，应该把更多心思用在认真、踏实地做事上，为客人提供更好的服务，为员工提供更好的平台。

有一次，北京电视台财经频道要做一期美食节目，想对袁哥进行采访。我给袁哥转达后，他让我谦虚委婉地回绝。当我看到编导发来的策划文案时，我认为这样的节目对我们有益无害。免费的广告何乐而不为呢？

因他太忙，我又不能再去打扰他，劝他接受这期采访，于是在编导的劝说下，我把袁哥的电话号码给了编导。就在我坐着公交车乐颠儿乐颠儿去巡店时，袁哥打电话把我训斥了一番。就在我特别委屈时，袁哥又打来电话安慰我，并提醒我以后不能私自做主。

不接受媒体的采访，这是发自内心的低调。外界的一切都是虚幻的，只有真正把事情做好，那才是最大的荣誉！我想，这才是海底捞的大智慧！

【回头望——自我感悟】

袁哥把窗边的座位换给我，让我看看外面的世界，这一小小的关怀举动至今难忘。其实领导者，不是说非要你对下属做一些轰轰烈烈的事情，只要真心对下属好，也许就是一句话一个眼神也能触动到你的部下。

我们这次去义乌主要是去选购儿童玩具，其实完全让采购干就行了，但海底捞高层会亲自去市场选。这就是一些企业学海底捞学不到魂的地方，人家送玩具你也送，但背后的用心度和出发点不一样，结果完全是不一样的。

海底捞从董事长到下面的管理层，基本不太接受采访，也不会对外出席一些论坛或活动，一直保持低调。基本上，以前外界很少能看到在职海底捞的人出来露面。他们一直踏踏实实做事，不事张扬，保持谦虚的品质。

这次接受黄铁鹰教授的采访，海底捞也是希望教授能写一个真实的海底捞，而不是借此出名。海底捞不希望过于张扬，加上本身名声在外，可以说不需要再通过写书来曝光自己。而这次采访为后来《哈佛商业评论》发表“海底捞管理智慧”和畅销书《海底捞你学不会》的出版打基础。

黄铁鹰教授当年第一次找到张勇要写《海底捞你学不会》这本书时，张勇没同意，他怕吹过了。第二次再找时，张勇同意了，但提出三个条件：(1) 要写就写真实的海底捞，把海底捞好的一面与不好的一面、问题与困惑都展现出来；(2) 海底捞不给钱写书；(3) 书写完了不审稿。

这就是真实的海底捞，永远知道本质、目的是什么。做事情也好，做企业也好，一定要回归本质、回归目的，否则很容易跑偏。

雷曼兄弟公司

2008年
9月20日

美国第四大投资机构雷曼兄弟公司15日宣布破产。

这让我震惊。一个拥有158年历史的投资公司瞬间倒掉，我百思不得其解。我再一次感受到，身外之物，你拥有得再多都有可能消失殆尽，唯独内心的强大是无法改变的。

什么外在的东西都不重要，重要的是自己的心态。

心态好了，就能够平静地面对生活中的波涛汹涌，我们的人生将充满欢喜。心态的修炼需要智慧。

对待一切要兢兢业业，那么，什么样的目标都完全可以达到。

拥有了强大的内心世界，真正达到“山登绝顶我为峰，海到尽头天作岸”的境界，那还有什么可怕的，有什么不能放下的？“活出自己独特的生命形式。”

我终于找到了人生最大的目标：用一生去寻找让内心强大的路径，修炼平和的心态。这也许是这一生最有意义的事情，是否能真正明白已不再重要。我由关注外在，转为观照内在，自省内心，这是我现在最大的进步。

【回头望——自我感悟】

雷曼公司的倒闭，让我进一步思考到外在的虚无，唯有内在的强大才是真正的强大。

“人生最大的目标：用一生去寻找让内心强大的路径，修炼平和的心态。”

这个目标定下，为我后来不断修炼自己定了方向。

“牛”

2008年
10月2日

今天，因桌数统计的问题，跟区域经理谢姐争执不下。她说我比较牛、倔强。当时，谢姐建议我采用她的方法去统计桌数，而我认为我自己的统计方法是对的，根本就听不进去她的建议。她拿我没办法，有点生气，就硬邦邦扔给我这样一个评价。

想想这个评价，感觉很致命。

一个人如果让别人觉得“牛”且“倔强”时，几乎可以断定，这个人快完蛋了。

一直以来，我是一个以自我为中心的人，太把自己当回事儿，在内心深处很难听进别人的意见，事事总觉得自己是对的，自己有理，谁都不怕。这种谁都不怕的人是最可怕的，因为这炉没有淬炼成的钢，随时可能成为废铁渣。

谢姐这个评价给我提了个醒儿。如果不加改进，我可能就完蛋了。

【回头望——自我感悟】

在职业初期，我的情绪容易失控，比较自我，甚至有些小清高，总之毛病一大堆。

成长这么多年，我最大的进步就是慢慢变得平和了，也能很好地疏导自己的情绪了。

天不怕地不怕，这种无知无畏的状态挺吓人的，“这炉没有淬炼成的钢，随时可能成为废铁渣”这个总结还是蛮到位的。

3. 心智的力量

坚定自我

2008年
10月5日

奥斯卡影帝保罗·纽曼9月26日去世，他一生先后赢得10次奥斯卡提名。2007年5月，82岁的他正式宣布息影，把余生都用在经营自家的餐馆上。

这个消息更坚定了我在餐饮业发展的决心。刚进入海底捞从事餐饮时，我对这个行业不是特别能接受，从内心深处看不起这个行业，觉得有点低贱。抱着要在这个行业赌一把的心理，我坚持了下来。随着我在海底捞逐步成长，我的思想一点点受到海底捞文化的熏陶，慢慢也就接受了餐饮，进而开始热爱起这个行业来。

保罗·纽曼息影后，把全部精力用在经营自家的餐馆上，这件事给我震动很大。他完全可以从事其他更轻松一点的工作，但因为喜欢，所以他选择经营自家的餐馆。行业没有贵贱之分，任何人只有热爱自己所从事的行业，才能最终创造奇迹。

坚守而不是逃离，才能逐步得到提升和进步。

老天给了每个人一双手、两条腿、一个大脑，但我们却因自己的看法、行为而选择了不同的路途。最不幸的，就是把自己推进失败的旋涡，最终一事无成，白白来这个世上走一遭。

很幸运自己能跟随一个优秀的企业一起成长，在自己不断反思总结的同时，又能在一些关键节点上，神奇地遇到一些事情，获得启发，并坚定信念。

【回头望——自我感悟】

对餐饮行业的偏见，使得自己始终不能很好地去面对。

任何一个行业，干好都值得尊敬！总想干一些高大上的行业，而看不起另外一些看似很土的行业，这源于我们的虚荣心和要面子。

而往往成长的最大障碍就是虚荣心和要面子，它会让我们忽略事物的本质，浮于表象。

一个奥斯卡影帝都选择去开一家餐馆，这在一定程度上把我的成见和偏见打碎了。

这次思考，再一次让我变得更加务实。

心智的力量

2008年
10月11日

In oneself lies the whole world, and if you know how to look and learn, then the door is there and the key is in your hand. Nobody on earth can give you either that key or the door to open, except yourself.

一个人就是一个完整的世界，如果你知道怎样观察和学习，那么门就在那儿，而钥匙就在你手中。世上除了你自己，没有人可以帮你找到那扇门，帮你找到钥匙。

——克里希那穆提

最近反复阅读了克里希那穆提的著作《人生中不可不想的事》，仿佛那智慧的清泉静静流淌过干裂的心田，死气沉沉的生命瞬间燃起熊熊烈火。

我有种开悟的感觉，觉得自己心平气和了很多。内心有一种拥有世界的感觉，特满足。心智的力量是非常强大的，我不知道这种状态能否持续下去。现在这种平和、热爱、坦然的状态，让我感到从内而外的幸福和充实。每天回到宿舍洗漱完后，躺在床上安静地阅读克里希那穆提的智慧文字，感觉自己就是天下最富足的人。

这本书将陪伴我一生，它是我灵魂的导师。

> “如果你观察自己的心智，所有的东西都在里面了。因此，一旦你开动自我觉察的旅程，书本就不重要了。它就像进入一块陌生的土地，你开始发现崭新的事物，并且是惊人的发现。不过你得知道，如果你开始强调自我的重要，一切就都被破坏了。一旦你说‘我有了新发现，我知道了，我是一个伟大的人，因为我发现了这个和那个’，你就迷失了。如果你长途跋涉，你就必须带很少的东西；如果你想登高，你就必须轻装上路。
>
> 如果你我每天都能洗净自己的心智，把它从昨日的记忆中解脱出来，那么我们每个人都会有一颗清新的心，一个足以应付各种生存问题的心。”

心智从觉察那一刻起，就会逐步得到提升。从毕业到现在，虽然说自己没有太大的长进，但还是觉得提高不少。当我有所觉醒时，就会觉得自己很了不起，有种“众人皆醉我独醒”的感觉，然而这时，就陷入了强调自我重要的泥潭而迷失自己。一个波浪打来，才发现自己依然深处水中，随时有被淹没的可能。又醒又醉，反复中自己就会特别的累，无法轻装上阵。在日常琐事的困扰中，无法解脱自己，寄望在记忆的碎片里，心灵被原有的生活阅历占据而无法宁静。遇到新问题，固有的成见和理念让自己不断犯错。

而克里希那穆提这些闪烁着智慧光芒的哲思，让我明白，心智在觉察中提升的同时，还得让自己保持清醒。

“请不要困惑，只要观察就好。如果我发现自己是粗糙的，我不会尝试去改变它，也不会尝试去变得敏感；如果我开始去了解什么是粗糙，并在日常生活中去观察它——我吃东西时的贪婪、待人的粗鲁、我的骄傲自大、我的习惯及思想的粗野——在这种观察下，当时的状态就改变了。”

在觉察到自己存在一些问题时，大家首先想到的是去改变。然而现实却是越想改变这些问题，自己越难受，有时甚至过于强化了这些问题，使得自己不自然也不自在。

例如，我对自己说“不要想象戴红围巾的梅花鹿”，可脑海中还是会浮现出这个景象。越是告诉自己“不要……”，越是容易出现自己担心的负面问题。“只要观察就好”，就是一种大智慧。坦然地面对，去观察自己的状态到底是什么样的。在观察中，一些问题慢慢就消失了，像有股神秘的力量在左右着自己一样。这就是心智的力量。

任何的坦然，都胜过刻意的伪装和雕饰，活出自己的真性情。

日常生活中如此应对，就会发现自己的内心平和、淡定，力量无穷。

“在这个国家以及世界，很不幸的，我们的关怀都非常少，我们对事物没有深刻的感受。我们大部分人都是知识分子，所谓的知识分子就是有肤浅小聪明的人，用各种辞藻和理论来讨论人间的是是非非和什么该做、什么不该做的人。

在智性上，我们发展得很高，但是在内心里，我们却非常的浅薄而没有内涵。只有内在的品质才能带来真正的行动，真正的行动不是依据观念而产生的。

这就是你为什么要有强烈感受的原因，你必须要有热情和愤怒的感受，你要观察它、玩味它，弄清楚其中的真相。如果你只是压抑它，如果你对自己说“我一定不要生气，一定不要感觉热情，因为这是错的”，长久下去，你会发现自己的思想被固定在某种观念中，你会变得非常肤浅。你可能非常聪明，拥有百科全书般的知识，但是如果你没有强烈的、深刻的感受力，你的理解力就像是一朵没有香味的花朵。”

这段话仿佛是给我写的。这段时间，每天上班、下班、睡觉、吃饭，思维匮乏，感受力愚钝不堪，就是因为自认为是个“知识分子”。在大学时，自己会为随便一个话题跟同学争论到凌晨3点。遇事只会议论别人的是是非非，别人应该如何如何，沉湎于一些理论的说辞之中，失去了自我用心感受的本能。

仿佛自己什么都懂、什么都会，甚至在心里想，某某经理实在是差得很，如果换成我，会干得更出色。我在无限地放大自己。而这些，不过是基于自己肤浅的理论和空洞的辞藻而已。

没有在心灵上泛起波澜的东西，往往是空泛无力的。周边的许多人都有类似的问题。用理论把自己装饰得很漂亮，但自己的内在浅薄无力，最终把自己悬在空中，上不来下不去，在挣扎和纠结中毁掉自己，一事无成。

任何的进步都是因为深入感受和全面思考。觉得自己说得非常有道理时，就要问自己：是否真的感受过？否则，只是一个有肤浅小聪明的人。

【回头望——自我感悟】

克里希那穆提的《人生中不可不想的事》，我读过很多遍，至今仍然不时拿来翻一翻。

在这段时间阅读他的书时，我特别宁静，有近两个月的时间状态特别好，看到一切都是美好的、平和的。真有点禅定的感觉，心如止水。但这就维持了两个月，后来再也找不回那种感觉，现在也没有。

也就是从这本书起，我读书慢慢进入状态。原来读书，都很难进入状态，读着读着就读不下去了。

我们干的每件事，读的每一本书、听的每一个故事、跟别人的每一次交流，都会让我们从中收获良多，就看你是否用心。

爱如少年

2008年
10月18日

时间已过去多少年/如今的你们在哪里/经历着什么样的故事/什么样的幸福伤痛/今天我依然能感到/那清风掠过的春天/掠过了城市掠过村庄/掠过我们年少的胸膛/我依然看到那些少年/站在九月新学期操场/仰望着天空清澈的眼神/向着无限的未来……

——许巍《少年》

许巍又出新专辑了，我有股莫名的兴奋。诗一样美妙的歌，多少给繁忙的生活带来些精彩的瞬间。听着《少年》这首歌，以往的不羁生活又在脑海中回荡。

"时间已过去多少年，如今的你们在哪里，经历着什么样的故事，什么样的幸福伤痛……”

许巍的歌伴我度过整个大学时代。我曾在高中暑假学了点吉他，大一时就在宿舍里乱弹，引来高年级的吉他手跑到宿舍来切磋吉他。他问我弹不弹许巍的歌。

我很傻地问：“许巍是谁呀？”

明显感觉到那人露出讽刺的讪笑时，我还追问一个更傻的问题：“许巍是男的，还是女的？”

那人很无语，以后再也没有来找过我玩吉他。

从此以后，我知道了许巍，开始听许巍的歌，天天在宿舍放，甚至引起了舍友们的公愤。尤其是舍友死犬（我们习惯这样爱称），一听我放许巍的歌就加以抵制。

那时，我明白，自己就是一个大山里来的土老帽儿，单纯又傻气。

这不怪我，大山里的孩子与城里的孩子是有区别的。今天，我从一个普通服务员成长为海底捞北京片区总经理助理，没有富二代、官二代那种光鲜浪漫的生活，伴随我的是汗水和脚步，我的大脑在苦难折磨中变得更加智慧。

我想，这是别人无法获取的财富。

* * *

晚上，在白纸坊见到一个戴眼镜的女孩子在卖玉米棒。

“新出锅的玉米，来一个吧！”她不停地大声叫卖。

她应该是个大学生。看到她忙碌的身影，感到有些惭愧。她比我做得好，换了我也许不敢那么大声地叫卖。

忽然想起中国台湾地区著名企业家王永庆。

他从卖大米起家，辛勤努力，经历了从无到有的创业过程。在事业做得很有规模的时候，他依然坚持凌晨3点起床，艰辛劳作。即使年纪很大了，还在坚持慢跑锻炼和“毛巾操”运动，为超负荷工作加油。

我的梦想是成为企业家。而我身上有诸多毛病，如懒惰、虚荣。小女孩的努力和王永庆的执著给了我很大的启示。面对生活，应多些兢兢业业。

【回头望——自我感悟】

其实对自己是不自信的，对自己的职业也是不自信的，不断地通过外在的一些人和事来鼓励自己。

从农村出来，身上也存在很多毛病，但自己又想做一番事业，这之间还是有很大差距的。这就导致自己时而自信，时而自卑，唯有自我激励才能让自己走出自我否定和自我怀疑的泥潭。

人的成长，就是一个不断自我调适、自我突破、自我挑战的过程！逃离自己的舒适区，又不断扩大自己的舒适区，这就是成长的本质。

4. 人品才是金不换

猎　　头

2008年
10月23日

今天不是很忙，处理了一些资料后，准备去七店看看。

在路上，接到一通陌生电话，说有一家比海底捞还大的企业想找一些优秀人才，问我有没有兴趣。我当时回绝他：我现在没有换工作的打算。他还喋喋不休地说，这是个好机会，让我考虑。我直接挂掉了他的电话。

前几天在办公室，有猎头公司的人过来挖袁哥，袁哥直接把那人教训了一顿，说他们的做法是不道德的。袁哥给我讲，自己培养不了人才而去挖别人墙脚的企业是没有信用的。他的一切都是海底捞给的，他不会离开的。

到现在为止，有好多位大区经理、区域经理、店经理都接到了这种挖墙脚的电话，但还没有一个管理人员被挖走。

从海底捞走的人有两种：一种是混不下去的，另一种是被淘汰出局的。

刚刚接到猎头的电话，我内心还是悄悄骄傲了一会儿。这至少说明现在有人关注自己了，自己的价值在提升。这也是一种极大的肯定。

我很清楚自己有几斤几两。无论是为人处世，还是管理能力，我都还差得远，需要学习的地方还多着呢。外面的企业看到的是海底捞光鲜的外表，我在海底捞光鲜的外表下面显得分量重了，其实，肚里只有这点货色，含金量还是有限的。

到海底捞已经一年了，我学会了为人真诚、善良、大度、谦虚，也学会了做事情专注、踏实、热情、执著、严谨，这些品质对我未来的发展将是一笔可贵的财富，是无价之宝。

在海底捞，也许我不能挣到足够的钱，也可能达不到我理想的职位，但有一点是可以肯定的，在这里，我的品德会得到不断提升，因此，我不会轻易离开海底捞。

* * *

外界人都说海底捞的员工比较忠诚，其实这是表象。

海底捞员工之所以忠诚，是因为他们在这里能看到希望，看到未来，看清自己。每个人都在平凡的岗位上实现着自己独特的价值。每个人都可以通过努力的学习、热情的工作创造美好的明天。

区域经理谢姐当初就是从一个煮饭大姐成长起来的。我们相信“双手可以改变命运”，是因为有太多人的命运在海底捞得到改变。我不知道我会在海底捞干多久，但我现在的命运已经得到改变。比如，我浮躁的性格已经变得务实了许多，虚荣心也在慢慢消退。

一个企业的伟大，不在于能赚多少钱，也不在于创建多大规模，而在于能帮助多少人走向成功、收获希望，把一件件小事都做到极致。

海底捞，已经离伟大不远了。

【回头望——自我感悟】

袁哥讲：“自己培养不了人才而去挖别人墙脚的企业是没有信用的。”其实，这样的企业只是在走捷径，想通过挖人来快速解决问题，而不愿意自己去孵化和培养人才。

而很多企业挖人都是冲着企业、冲着你的光环而去，等你真正去上班了，就不是那么回事儿了。你想想看，他连跟自己干很多年的员工都没耐心去培养，他怎么会培养你呢？因此，当你工作出不了成绩时，他很快就会把你淘汰出局。

然而很多人无论你多优秀，到一个新的环境，都需要支持和培养。这就是很多世界500强企业的人，来到一些国内企业生存不下去的一个重要的原因。

海底捞的员工忠诚度很高，但海底捞很少要求大家去忠诚。他们之所以忠诚，是因为他们在海底捞看到了希望，在这里工作有改变命运的机会。企业不能一味地要求员工忠于企业，而是要营造良好的成长环境，让他们看到希望，让他们有发展前途，他们自然会忠于企业。

面对猎头挖人，作为个人一定要认清平台能力和个人能力。平台强大时容易把你衬托得很厉害，其实这是平台的能力。把平台能力当个人能力，就容易自我认知不清，内心躁动，就会失去踏实务实的心态，会把自己毁掉。

日　记

2008年
10月28日

你别期望领悟，甚至大彻大悟，让你突然明白一切。但是我认为：经过一个迷乱困惑的过程你就会明白很多，这是必经之路。

——简·瓦格纳

我不是一个聪明的人，也不是一个有智慧的人，更不是一个精明的人，我只是一个在成长的道路上不断自我反思、总结、领悟的人。

二十多年来，我没有别的，就是有一大摞成长日记，经常翻翻，回味过往生活的点点滴滴，像一幅精彩的画卷。

初中时，开始将无法向他人诉说的经历和感受在本子上垒砌。来海底捞后，公司也要求管理人员写工作日记。当许多管理人员感到一筹莫展时，没想到这却成了我的长项。张大哥要求经理级别的员工必须写工作日记，并且要大家互相分享自己的收获和感悟，工作日记也是考核大家工作成绩的一部分。

至今，我也没有听说过哪个企业对管理人员的工作日记要求如此之高。

2005年，苹果品牌的创始人乔布斯在斯坦福大学演讲谈到“如何把生命中的点点滴滴串联起来”时，向大家讲述了一个有关美术字的故事。

当初，乔布斯无意间学会了一个不太有用的美术字体，并没有准备将这个技艺派上用场。后来他在开发“有漂亮印刷字体的电脑”时，这个技艺发挥了极大的作用。

所以他说：“你在向前展望的时候，不可能将这些片段串联起来；你只能在回顾的时候将点点滴滴串联起来。所以你必须相信这些片段会在你未来的某一天串联起来。你必须要相信某些东西：你的勇气、目的、生命、因缘……这个过程从来没有令我失望，只是让我的生命更加与众不同。”

我非常钦佩乔布斯的悟性。

以前，我只是用日记来抒发惆怅，现在，这些日记却在工作上帮了我大忙。不仅如此，通过日记，每天在总结、反思的同时，自己的思维能力、写作能力、总结能力也在不断提高。我在思考总结中慢慢提高，这是我没有想到的。

现在所经历的一切，都是我们未来生命的组成部分，失败和成功同等重要，同样为我们的未来增光添彩。

每次在自己迷茫、困惑时，我都会留下许多文字。再次翻看，这些思考成为以后人生的有益指导，我逐渐通彻起来。而在所谓的好日子里，自己的日记则很少。

毕业到现在，从南宁，到桂林，到深圳，到温州，再到北京，折腾让自己痛苦过、绝望过、欣慰过，也让自己在这些迷乱、困惑中，明白了一些别人给不了的哲理。

【回头望——自我感悟】

写日记是我这一生最大的财富，从初中二年级开始，也就是1999年开始写日记，至今20多年，几乎没有间断，差不多有近300万字。

这些日记记录的自己的点点滴滴，是一幅生活和成长画卷。同时在不断的写作中，自己的总结表达能力、思考能力都得到了提升，且能通过日记不断自我反思，这真是一个帮助自己成长的好工具。

因为每天都写，这就让自己后来写工作日记得心应手，为自己写文章、写书打下了非常好的基础。

到现在，我出版了四本书，写了无数文章，都跟写日记有关。对于一些专业作家来说，这不算啥，但我只是业余写作，大量的时间要去工作。

“破窗效应”

2008年
11月4日

晚上，陈志碧给我打了一个电话，声音颓废到极点，也绝望到极点。

“顺子，我出事儿了！”

“怎么啦？”

“我被拉下来了！”

来海底捞一年，这是我身边第四个人被降级。最不愿看到的是他被降级。我怕他接受不了这个事实，会离开海底捞，怕他对自己失去信心。我尽量去安慰他，但无济于事。他犯了严重的错误。他从值班经理被降成普通员工。

事情的起因是，他把别人的自行车骑回了宿舍。一天晚上下班时，在没有给自行车主打招呼的情况下，他和同事一起骑走了一辆别人的自行车。原本第二天要还回来，结果忘掉了。自行车是店里一名同事的，发现自行车没了，那位同事马上向领导申请查看监控录像，结果发现是他骑走了。当时还以为是偷盗呢！事情反映到领导那里，领导很生气，把他降级为普通员工了。

在这种问题上，海底捞绝不手软。不管是多么优秀的人才，也不管是有心还是无心，出现这样的问题，肯定会严肃处理。我心里很清楚，陈志碧是一个非常好的人，人品肯定没有问题。但他犯的这个错误，又确确实实是一个人品上的错误。海底捞考查人有两个基本点：一是人品是否过关，二是勤劳与否。他犯了其中一项，只能被降为普通员工。

在为他感到惋惜的同时，我又认为这也是一件好事。他做事的严谨度还是不高，把任何事情都看得太简单，感觉无所谓。这件事情的发生，也许会为他在未来的工作上敲响警钟。

这件事让我想到“破窗效应”。

“破窗效应”认为：如果有人打坏了一幢建筑物的窗户玻璃，而这扇窗户又得不到及时的维修，那么，别人就可能受到某些示范性的纵容，去打烂更多的窗户。久而久之，这些破窗户就给人造成一种无序的感觉。在这种公众麻木不仁的氛围中，犯罪就会滋生、繁衍。

海底捞对“破窗”现象一直都非常重视，一旦发现有问题苗头，就会果断地制止和处理，绝不允许任何影响团队氛围、工作状态、企业文化、规章制度的行为在企业内部蔓延。这也是海底捞管理细节做得好、执行力较强的原因。

在管理中，随时防止团队或企业中“破窗效应”的出现，这是非常重要的。人性都有不同程度的弱点，“破窗效应”一旦产生，将会给企业带来无法估量的灾难性后果。

站在公司发展的立场上，这样处理陈志碧是明智的；站在朋友情感的立场上，又觉得这样处理有点过。但不管从什么角度，我都不会怀疑这次处理的公正性。

【回头望——自我感悟】

海底捞对错误处罚力度很大，奖罚分明，该奖则奖，该罚则罚，绝不手软。

在媒体或一些专家大肆宣扬海底捞的家文化时，张勇无奈地表示：“家文化本身是他们的想象。”他说：“我不太相信一个人在加班工作时还会发自内心地笑，一个简单的方法是，让那些不爱笑的人出局，剩下的就都是会笑的。”

外界看到的是海底捞如何人性，如何好，但海底捞淘汰机制和处罚力度也很大。

对于一个企业来说，只有把一些问题遏制在萌芽状态，才能防止小问题演变成大危机。

小的问题得不到重视，任由存在，就会有更多人犯错，久而久之就会积少成多，“破窗效应”就会发生，企业也将变成一个烂企业。

还有一个就是“蝴蝶效应”，一些小的事件发生，也许会演变成重大危机事件。管理就是要通过日常的管理活动，把小问题解决掉，不能等其蔓延开来再解决，那就晚了。

因此，我们得知，好的管理就是把日常一个个细节处理好，不让大的问题出现，不让大问题产生的管理者才是好管理者。有些管理者，小问题他不重视，等问题严重了才去解决，这样的管理者看似能力很强，能解决大问题，其实企业一定要小心这样的管理者，他有可能会给企业埋下极大的隐患。

后备培养对象

2008年
11月12日

袁哥批准了我下一线工作的申请。今天，我和区域经理谢姐一起，选出了两个后备培养对象：杨天明、杨伟波。接下来的任务，就是要将他们培养成为我的接班人选，让袁哥从中选择。我能否顺利下一线带团队，就看我能否把他们培养成袁哥满意的助理。任重而道远。

海底捞的政策是，管理人员晋升之前，首先要培养出能接替自己的优秀人才。培养人才是所有管理人员的一项重要指标。张大哥一直强调，“我们培养人才，兼做火锅”，人才是根本。

我这次到一线带团队，并非职务晋升，而是降级实践，这对我来说是一个考验。当时从一线工作岗位调往片区给袁哥做助理，并没有担任过真正的领导职务，虽然已经是经理级别，但要从事一线管理工作，仍然要从最基本的领班开始做起。再次回到一线，意味着我的待遇、级别都会下调。

我的目标是像袁哥一样能管理几个大区，所以，我就必须从一线基层管理一步步做起来。降落是为了更好地起飞。

【回头望——自我感悟】

我喜欢亲自带兵打仗，我不喜欢做职能工作。而且我的长远目标，是做企业家，这样我就必须领兵打仗。

有了长远目标，就能坚定自己的选择，就不会在乎眼前利益。

重新下一线，级别、待遇会下降，同时工作会更辛苦，压力会更大。但内心一点都不怕，因为我知道这是我必须要走的路。

一直以来，我的目标感比较强，我想这是成就我的关键动力。

海底捞很重视人才培养，你想晋升或调岗就必须培养出后备接班人。这既把培养人才转变成每个管理者的任务，又能很好地确保工作不会因为人员异动而发生脱节。

5. 到一线去

在 路 上

2008年
11月15日

那一天/我不得已上路/为不安分的心/为自尊的生存/为自我的证明/路上的心酸/已融进我的眼睛/心灵的困境/已化作我的坚定/在路上,用我心灵的呼声/在路上,只为伴着我的人/在路上,是我生命的远行/在路上,只为温暖我的人……

——《在路上》(柳传志、张瑞敏、马云、牛根生作词)

毕业的时候,我不得已上路,为不安分的心,为自尊的生存,为自我的证明。

为了一个理想——做企业家,我踏上征程,从当初的狂傲到如今的务实,从一件件小事做起,进步中我体会到“在路上”修炼的重要性。

“成功=机遇+实力。”机遇是任何人都左右不了的,只能尽力去争取,而实力却是自己修炼的结果。

实力并不等于能力。能力是我们具备了某项优秀的才干,但实力却是我们从内到外修炼的结果。内在的因素包括思维方式、心胸、逻辑能力,外在的因素包括技能、阅读、总结、演讲、管理等。

一个有能力的人也不一定能取得成功。因为他可能陷入自我的状态里面,搞不清做事情还得依靠优秀的品质:谦虚、真诚、善良、付出。

一路走来，我身上有太多的欠缺，尤其是内在素养。在各种困难和磨炼面前，“路上的心酸，已融进我的眼睛，心灵的困境，已化作我的坚定”。一个人做什么事情不重要，关键是能否把自己做的事情坚持下来。马云特别喜欢两句话，一句是丘吉尔对英国公众演讲时说的“Never give up”（永不放弃），另一句是“满怀信心地上路，远胜过到达目的地”。我也特别喜欢，今天把它抄写下来激励自己。

我会在管理这条路上坚持下来，无论遇到多大的风浪，我都义无反顾，坚持到底。

管理界将会有我一席之地。那时候，回头看看自己走过的路，风起云涌的人生将会是我永远的骄傲。

今天，袁哥确定把杨伟波调到片区来，我开始亲自带他熟悉情况。教会他各项工作以后，我就可以下店了。我将重新上路，在管理团队的路上开始新的征程。

【回头望——自我感悟】

这个区分很有意思，为什么有些能力很强的人并不一定能取得成功，是因为他们外在显示的技能很厉害，但内在的综合素质缺乏，使得他们的根基不牢固。

某些能力是容易学会的，而内在的素养必须通过自我修炼得来。

你发现很多人管理技能和管理知识懂得很多，也有管理经验，但就是难以领导更多团队，或者无法把团队领导得更好。为什么？因为他们缺乏内在素养，如真诚、善良、利他、使命感等。而这恰恰是提升领导力非常重要的关键点。

一个篮球的反思

2008年
11月17日

张大哥亲自处理的一件事，给我的触动很大，它深深地印在我的脑海中。

这件事情本来是一件小事，但到最后，却成了大事。

9月中旬，张大哥到海底捞底料生产基地西河加工厂巡视，看到员工活动用的篮球破损严重，便叫门卫去买一个新篮球。随后，门卫将张大哥的这个要求转告给采购员，要求采购员尽快购买。下旬时，张大哥来到西河加工厂，看到篮球没有更换，再次向门卫提出购买篮球一事。门卫再将此事转告给了采购员。但采购员表示，必须要有正式的购货单才能购买。随后，这件事便不了了之。10月6日，张大哥在西河厂第三次提出购买篮球时，门卫才和采购员商量，找下单的管理者要正式的购货单。

这件事情发生后，张大哥非常生气，要求海底捞全体管理者思考如下三个问题：

第一，为什么会发生这个事情？

第二，采购员是由优秀员工担当的。那么，优秀员工的责任心和执行力体现在什么地方？

第三，请对此事提出处理意见。

最后，对采购部长及公司高层有关人员处以几千到一万元不等的罚款，并给予通报批评。

在处理这个问题时，有些人存在三个疑惑：一是，一个基层采购员工作没做好，怎么会处罚到采购部长和公司高层管理人员？二是，不过就是一个员工活动的篮球没买，作为几十家门店的董事长，怎么会接二连三地去过问呢？三是，是否有些小题大做？

这件事情发生后，我一直在思考。

我认为，也许正是因为张大哥这种关注细节的性格，善于在细节上看到问题的严重性，才会有海底捞的今天吧！

其中一位高管对上面两个问题的回答，让我收获很大：

第一，为什么会发生这件事情？

公司在发展的过程中形成了各种制度，这些制度制约了员工的积极性和灵活性的发挥。员工由于受制度的约束，怕承担责任，就采取“拖”的办法，进而看出员工对制度的曲解。管理者没有让员工明白制度的目的和意义。

发生这样的事情，是员工的责任心下滑的结果。员工的责任心下滑，是因为平时部门管理者没有及时纠正、引导和处理。

第二，采购是由优秀员工担当，那么优秀员工的责任心和执行力体现在什么地方？

之所以出现员工责任心不强和执行力差的现象，是因为原本优秀的员工在离开积极性高的团队之后融入新的团队里，他会被新团队的不良风气所浸染，责任心和执行力就无从谈起。

员工是否有责任心和执行力，是企业成败的关键。而员工的责任心和执行力来源于企业管理者的引导和管理。一个篮球没买是一件小事情，但背后却反映了公司管理出现的漏洞和问题。这个世界上没有差的员工，只有差的企业和领导者。我想，张大哥因为这么件小事就大发雷霆，并进行了严肃的处理，也许就是因为这个吧！

【回头望——自我感悟】

其实这件事，一方面又反映出组织随着发展必然存在的问题，另一方面体现了海底捞管理的力度。

这则日记，是值得深思的一则日记。

首先，随着公司的发展，组织部门逐步增加，流程制度越来越细，我们认为管理越来越好，其实不然。

部门分工会导致协调不畅，各自为政，各扫门前雪，甚至互相掣肘。

部门分工越细，如果管理不力，往往就会导致效率下降，成本上升，最终形成组织黑洞，吞噬组织活力。

其次，海底捞在面对以上组织问题时，处理力度很大。先对采购部长及公司高层有关人员处以几千到一万元不等的罚款，并给予通报批评。接着张大哥抛出三个问题，让全体管理者思考。

这种处理问题的方式值得学习，管理的问题一定是高层管理者的问题，处理他们才能让他们站在全局的角度思考问题。而让全体管理者思考问题的根源，很好地借此事件让大家来一次反思。

大家都知道海底捞授权力度很大，100万元的单子大区经理签字就可以，服务员都有免单权。但老板又会去管一个篮球购买的问题，有些人就会疑惑！

看似是一个篮球购买问题，但折射出管理层不重视员工满意度、部门推卸责任、组织内部协作出现问题等深层次原因，这些却是大问题。这些问题，如果组织不解决，一定会酿成大祸。

因此，作为老板是要放权，但一定不能睁眼瞎，必须清楚组织的运作情况，确保组织效率和组织活力不出问题。

透过这件事，也能看出张勇的管理智慧，他知道什么该管什么不该管，什么能容忍什么不能容忍。

下店前的思考

2008年
11月19日

对于我们某一个不可思议的想法，如果自己坚定执著，那么现实就会按照我们的想法运行，就像冥冥中有人安排好了一样。

申请下店时，我想去三里屯分店，袁哥安排我和杨伟波对调，他来片区，我去三里屯。他原来是三里屯的领班，我去三里屯店后要先从领班开始学习。

我坚信，我想要的生活都会实现的，只要我不懈地努力，成为一个企业家，帮助需要我帮助的人，这个愿望就会实现。至于结果什么时候实现，我就不再去关注它。踏踏实实做好现在的每一点、每一滴，目标指日可待。

下店意味着新的开始，我将会面临什么，有必要好好地分析一下。我喜欢做管理工作，喜欢带团队，所以选择下店从基层管理开始做，为以后能发展到更高的职位打基础。

但下店意味着重新开始，会面临更多问题：

第一，心理落差。原来在袁哥身边，别人对自己还是比较客气的，自己也有种高高在上的感觉，现在下店后做基层管理，这种原有的优势都没了。

第二，自由问题。在袁哥身边，比较自由，工作几乎都是自己安排和计划，袁哥轻易不会干涉过问。下店后，许多工作是执行上级的指令，而且会受到上级的干涉。

第三，工作强度。下店后工作相对要累些、忙些。原来几乎都是用脑，下店后要更多地干一些体力活，如打扫卫生、端锅。海底捞的领导并不是光指挥别人干事情，而是要亲自带头。

第四，服务能力。当时在一线仅仅做了四个多月的基层员工，基础本来不牢。现在来片区已经八个月了，自己的服务技能肯定生疏，可能还不如一些优秀员工。如何去管理别人，并让别人信服，这是有点难度的。员工不会因为我是领导就会信服，而是要靠自己的人格魅力和专业能力征服员工。我对自己的人格魅力不担心，但专业能力是我的难点。

第五，管理能力。虽说自己在大学时当过班长，来海底捞之前也带过团队，做过管理，但在海底捞从来没有做过管理。下店以后就是新的开始。海底捞的管理方法和一些常规管理是有很大区别的。虽说我在片区从各店总、区域经理、大区经理身上学到了一些管理方法和技巧，但自己并没有亲自实践。没有实践的理论都是空的，知道并不等于会。

这几点，是我下店将会面临的主要问题。

这对我来说是一次重大的挑战。刚来海底捞时我屡次想走，最终因为想借助这个平台磨炼自己才留下来，结果感觉成长很快。这次下店实践，还是为了磨炼自己。有这样的心态，我想我一定会克服各种困难。

【回头望——自我感悟】

难能可贵的是，面对每次选择或变动，我都会进行深度思考，深入地分析其中的利弊。

想明白才能干明白。深度思考，是管理者非常重要的能力，只有深度思考，才能让我们少走弯路。

在这时，我也悟到了管理知识与管理实践之间的差距，并且明白管理是针对具体情境的实践，不能照搬以前的经验。

我之所以在管理上，进步较快，很重要的原因是我一直在思考管理的本质，并不断地反思总结。

圣陶沙的服务

2008年
11月21日

今天牡丹园店的店总马哥请我去圣陶沙茶楼喝茶。其间，我们聊了很多，很舒坦。

圣陶沙的服务很好，无声、高雅，很值得我们学习。

以前，我们开会偶尔会选择这里。

我们的服务员很热情，但有时候对“热情度”把握得不够好，会出现“过度服务”和“骚扰服务”。而圣陶沙的服务无声、高雅，他们的服务员既热情，也能做到在该出现的时候出现，不该出现的时候“消失”。如果我们的服务员能做得恰到好处，也能做到高雅，那将是一大进步。

马哥的服务能力就很强，在海底捞是出了名的服务好，无论是当初做服务员，还是现在做店经理，他都能与客人成为朋友。甚至经常有客人上大众点评网表扬他，他是我学习的榜样。

他跟我讲，对客服务首要的是真诚，要尽一切可能去帮助客人，大方得体地与客人交流，就很容易与客人拉近距离。

他还说，要让客人记住你，就要不断地重复自己的名字。圣陶沙有许多人认识他，并不是因为他经常来，而是他跟任何人沟通时都会重复自己的名字，如服务员上茶时，他会说“马涛谢谢”或“马涛很高兴认识你”。

马哥跟这边的经理很熟，结账时打了折，我们三个人还是花了将近一千块钱。真是“很贵族”的消费啊！

通过跟马哥的交流，我对服务的理解深了一步。其实服务，不像许多人想的那样低三下四。尤其是餐饮业，无论是客人还是员工自己，普遍认为服务员是低贱的工作。以前我也这么认为，现在我认为，给别人提供服务，通过自己的努力帮助客人，让客人满意而归，这是一份高尚的工作。

这个世界上的很多企业，都是通过为他人提供服务成长起来的，餐饮业也不例外。而且从基层服务员岗干起，会磨炼出自己许多优秀的品质，如耐心、细致、周到、大气、不虚荣……

我认为有两种工作最能锻炼人的品质：一是销售工作，二是餐饮行业的服务工作。一个人通过这两种工作的磨炼，且有自己的理想和追求，那这个人一定能取得伟大的成就。

【回头望——自我感悟】

海底捞一直向优秀的企业学习，有些是同行，有些是跨行，他们会通过外出学习打开自己的视野，回去再去改进和优化。

这种放下自己学习别人，回头再去改进自己的做法，海底捞至今也在坚持。海底捞的成功，并不是海底捞人多厉害，而是他们的学习力和学习心态厉害。

任何一个企业，长年累月地学习优化升级自己，不优秀才怪。这是海底捞成功的秘诀，这不是什么高大上的道理，但贵在坚持。

下店第一天

2008年
11月22日

千万不要失去任何信心，你觉得可以做的就要不断去想办法。

——马云

今天正式到三里屯店报到，杨伟波成为我的徒弟，我一边在一线门店实践，一边带他。

第一天下店，没有给我安排事情做，我自己四处晃悠了一天，感觉有点平淡。离开了片区办公室，有些恋恋不舍。想起刚调到袁哥身边时，袁哥原来的助理王姐为了更好地让我熟悉、学习一些业务技能，就让我去做很多事情，我跟袁哥忙着工作，她时常就去做饭。

王姐调走后，有时在办公室工作忙得来不及去吃饭，我就下厨去做饭。一次，我煮了两碗面条，急三火四地端给袁哥一碗。

袁哥吃了一口，就笑话我说："今天的面条煮得真不敢恭维！"说着就自己动手去调汁。我一尝他调的酱汁，确实比我的手艺高出不少。

想想这些小场景，心里确实有一股幸福感！

也许是换了环境，不太适应吧。但不管遇到什么困难，我都会想办法去克服。怎么说我也是给袁哥当过助理的人，绝对不能给袁哥丢人。

这次下店实践，只许成功，不许失败。

【回头望——自我感悟】

每一次经历事后回想都是财富，都是精彩的，尽管当初会觉得平淡甚至乏味。

在给袁哥当助理时，想尽快下一线，下一线又屡次回想当助理时的生活场景。

当有了下门店从一线管理者开始做的想法后，袁哥很支持，而下面的区经理知道后也纷纷抢着要我到他们的区域。

袁哥当时打趣说："看来跟我没白混。"

当初，也内心骄傲了一小下。

四

真诚是事业的基础

同事之间携手并肩靠的是什么？我认为是真诚。唯有真诚，才能够让大家脱掉伪装，放下成见，互相帮助，共同提高。天底下的难事，有许多都是因为人们之间的误会和猜忌造成的。我们千方百计掩饰内心的真实想法，不让外人猜测到我们的理念和准则，把一件简单的事情，撕扯成乱糟糟的一团乱麻，剪不断，理还乱，浪费掉我们太多的时间和精力。同事的评价是一面镜子。我们对人真诚，反馈回来的也是真诚。

1. 学会“归零”

归　零

2008年
11月25日

来三里屯店已经三天了，店总许哥显得很漠然，没有找我沟通，见面也就笑笑而过，感觉这儿好像不是海底捞。

任何来店的新员工，店总都会进行沟通，以增进大家的感情，为亲情化工作打好基础。

没有置之不理的道理呀！

就在我猜想许哥是不是对我有意见时，他晚上找我沟通了，而他的沟通让我警觉起来。他说，我这几天故意冷落你，不理你，是因为你在袁哥身边待过，不能像普通员工那样对你，这样能让大家感觉到公平、公正，同时也是对你的考验。以后也一样，对你的要求会更高些。否则大家觉得你是袁哥身边的人，是在特殊照顾你。

原本，我认为我给袁哥当过助理，知识面比较宽，之前跟各位管理人员的沟通也比较多，可以说相互之间很熟悉，在工作中会有很多的优势。许哥这个沟通，如当头一棒，让我从沉浸于自我的幻想中清醒过来。

我的很多想法也许在其他企业会百分之百应验，但在海底捞可能就会相反。这里要求管理人员对所有员工一视同仁、公平公正，不会因为你曾经的优秀或跟领导熟悉就会优待你，反而会因为这点严格要求你。

过去的一切都要归零，现在要站在跟大家同样的起跑线上展示自己，我必须得努力。

因为我在服务技能、管理经验上可能比一些老的优秀员工要差，且要面临更高的要求，我想接下来的工作只有兢兢业业、如履薄冰，才能符合新岗位的要求。

真正的归零是一种考验。要放下原有的一切还是比较难的，毕竟在袁哥身边风光过，那种优越感很难一下子褪去。但成大业者，必是能不断经历考验、不断归零、保持高昂斗志的人。

不管遇到什么，还是先感谢吧！感谢上天能给我这样好的机会磨炼自己，暂时的煎熬，会换来明日的大展宏图。

【回头望——自我感悟】

不会因为你过去的经验而高看你，只会因为你特别的经验和经历而对你提出更高的要求，这是海底捞的文化。

想在海底捞发展，必须要有归零的心态，如果把自己太当回事儿、“牛哄哄”那肯定会被“干掉”。

香饽饽

2008年
11月28日

许哥今天跟我说，他在管理人员的工作总结中，看到区域经理谢姐、林姐他们都想要我到他们的区域去，把我当成后备店总培养对象，问我怎么想。

我也不知道如何选择，有点懵。许哥接着说，你也可以留在这里，做我的后备，你自己选择。看我有些懵，他让我好好考虑一下再给他答复。

北京海底捞分为三个区域，谢姐、林姐、李姐各管理一个区。我所在的三里屯店是李姐管理。三个区都差不多，去哪儿都一样。

想起前几天在公司开会时，林姐、谢姐、李姐当着袁哥的面，想让我去她们的小区工作，袁哥就开玩笑地说："看来小李没白跟我混，现在都成抢手货了！"当时我也蛮自豪的。

这说明我在大区的工作还是得到了他们的认可，他们愿意让我去他们的小区，应该是觉得我有一定的潜力，具备培养价值。

经过这段时间的锻炼，我成了"香饽饽"，在感到自豪的同时，肩上的使命感和责任感也比较重。大家对我抱有较大的希望，尤其是自己跟了袁哥这么久，一定要干点成绩出来，否则会闹大笑话，不能让对我抱有希望的人失望！

【回头望——自我感悟】

那时我认为自己很厉害，其实这是过高评价了自己。我没看到的是，大家之所以"抢"我，是因为他们不会放过任何一个可培养的人才，这是海底捞的机制决定的。

在当时，培养出更多店总，管理更多店，收入就会更高，地位也会更高。

这时，思考到使命感、责任感是一个很重大的转变，就是慢慢在往真正的内在驱动力靠拢。不再单纯考虑收入、职位等外在的因素。

调　　店

2008年
12月8日

最终袁哥让我到林姐区域。为了更好地培养我，我被调到林姐管辖的西单店。

西单店目前是北京区最优秀的店，在大众点评网上的点评量最多，而且几乎都是表扬。西单店的人才成长率也比较高，员工的热情度、服务状态在整个北京区都是值得大家学习的。店总陈姐目前也是整个公司优秀的店总之一。她几起几落，曾经因为在牡丹园店工作不达标而被降级，当过采购，现在成长起来了。她不但是令人敬佩的大姐，也是值得学习的优秀管理者。

我听过陈姐最经典的故事。当初，她在牡丹园店被降级后，那里的老顾客“三哥”非常不理解，他说生意这么好还说做得不好，那天下就没有好的管理者了！他亲自约张大哥在北京一个饭店吃饭，跟张大哥理论这件事情。

结果张大哥讲完原委后，他服气了。张大哥对“三哥”的举动也非常敬佩，一个客人为了店总被拿下来找他理论，这还是首次。后来他们就成了朋友。

这次来西单店，能跟着陈姐学习，也是非常幸运的。可是，希望越大，预期太好，负面的感受也就会越多。我把西单店想得太完美了。

今天到店里上半天班后，心有些凉。近距离接触后，发现店里的员工特别的牛，说话也牛得不行了。海底捞的员工应该是谦卑、真诚的，而不是牛气哄哄的。甚至有些员工还特别“得瑟”，有一种说不清的自以为是的优越感。

看到这种状态，我心里就来气。也许是我还没有适应，但员工这种状态可真不行。海底捞走到今天，靠的就是海底捞人勤奋、善良、真诚、谦卑。如果生意好了，店面优秀了，大家就牛哄哄的，那要不了多长时间，就会出问题。

* * *

店内的组织氛围非常重要，这不但会影响到对客人的服务，也会影响到员工之间的感情。

以前检查门店时，最重要的一点就是分店的氛围。当一个店的员工之间不热情、不友善、不谦虚时，这个店的管理肯定就是出问题了，其对客服务也好不到哪里去。如果一个店的员工之间热情、友善、谦虚，那么这个店基本不会有大问题。

员工的满意度由组织氛围和员工的投入度决定。组织氛围不好，员工的工作投入度也会出现问题，进而影响员工的满意度，最终影响客人的满意度，经营业绩也会下滑。

西单店的局面令人担忧。成为一个优秀店很难，但要成为一个差店太容易了。西单店的管理应该是出了些小问题，我要好好观察研究一下。

【回头望——自我感悟】

原来我认为西单店很完美，但实际感受却很糟糕！

其实不是整个店都糟糕，而是我到西单店后，让我做店里最大的组三组的主管，这个组就是上面描述的这个状态，是店里人最多的部门也是最差的部门。

组织氛围影响员工工作的投入度，进而影响员工的满意度，最终影响客人的满意度，经营业绩也会下滑。这是一个基本常识，这是海底捞抓组织氛围，抓员工满意度的关键所在。

到了一个氛围并不好的部门，而且算是空降下来的管理者，尽管在袁哥身边做过助理，但员工不管这些。各种不服，我如何领导好他们？

也就是从这时开始，真正磨炼我的管理能力和领导力的时机开始了。

圣 诞 节

2008年
12月25日

今天是圣诞节。

我是一个不怎么善于表达对别人的关心的人。为了更好地凝聚团队，拉近大家之间的感情，我去超市为大家买了糖果、雪饼，准备送给员工当圣诞礼物。

员工拿到礼物露出幸福笑容的那一刻，我感到自己真的很幸福。

我来西单店这么长时间，所有同事都全力以赴地支持我，并没有因为我是新来的就不听话，很感激大家。有他们的辛苦付出和支持，才有我的成就。

一点微薄的礼物并不是全部，只代表一点点心意而已，更重要的是在工作中，我要通过引导和管理，让大家都能成为优秀员工，一个个都能有更好的发展前景。

今天生意特别好，客人们一直等座，员工几乎没有休息，吃饭都轮换着吃。中途给他们泡了些咖啡和果汁，让大家抽时间轮换着喝，他们喝完后马上回到了工作岗位。

在这么忙、这么累的情况下，大家没有一个人露出疲惫的样子，个个激情勃发、面带微笑给客人服务，耐心、真诚地面对客人的责骂和刁难。

因等位时间过长，很多客人都等了两个多小时，就餐时心情也好不到哪儿去，有发火的、有责骂的、有刁难的，但我们的员工没有因为出现这种状况闹情绪，还是热情地为客人服务，我真的很感动。我从内心里敬佩这些比我小的小伙子、小姑娘和比我大的阿姨、大姐。

我们如此努力和拼命，相信我们会有好报的。

老天没有理由不对我们好一些。

【回头望——自我感悟】

其实日记里没有选取那些"不易"的部分，并不像日记里说的那样大家都支持我！

部门里有店总年龄比较大的姐姐，有被降级的大堂经理，还有原来本组被降级的组长，还有大学生，还有工作不务实的家伙……

他们凭什么会服我呢？我先是以身作则，自己几乎是最早一个来最晚一个走，让大家做到的事情自己先做明白。接着，我针对每个员工，一个个分别进行关怀，就像上面写的节日要准备礼物红包，平时也要对大家生活和工作状态关注到位。

当然自己的努力没有白费，换来了大家的支持，团队氛围也有了大的改观，同时这个组在我的带领下三个月成了先进小组。

失　　落

2009年
1月1日

最近特别累，没怎么写日记，几乎与外界隔绝。

我现在是店里最大的一个组的领班，带领二十来人，苦并快乐着。

白杰是我的师傅，也是北京区优秀的领班，做事非常细心、周到，唯一的缺点就是比较啰嗦，有时针对一个问题没完没了地唠叨。他教我时非常用心。

我刚到组里，脑子是晕的，他带我熟悉每个用品用具的布置情况，把组里每个人的优缺点及性格特征写给我。在管理过程中，他随时给予我一些指导，并把员工的一些情况反馈给我，这使我不到一周就对组里相关情况了如指掌。

我觉得自己最大的优点是责任心强，做任何事情都力求完美，要求别人去做的事情，我都会自己先认真做好。我的优点，正好符合海底捞的企业文化。来这里一个月了，除了特别累外，工作开展得还算比较顺利。为了能更好地带动员工，调动员工的工作激情，几乎每天早上我都是第一个到店，晚上最后一个走。

身教重于言教。海底捞对管理层一个重要的要求，就是能起带头作用。管理层是带着大家做事情，而不是指挥；是带着大家执行企业制度和文化，而不是说教。

只是，在海底捞工作真是太累了！

每天 8 点起床，8 点半到店，除了一组的员工有时会来外，其他组的员工都没有到。来得早，是为了把准备工作做得更好一些。我便开始把架在桌子上的凳子放下来，摆放整齐，整理餐具摆台。我到店一会儿后，才有员工陆续到店。看到我这么早就来干活，大家在心里都挺尊敬我的，在我下达工作要求时，都乐意积极地去执行。

14 点左右下班，休息到 16 点上班。如果是节假日，中午几乎休息不了。一般 22 点左右能下班，节假日有时 21 点半等座才会结束，下班就会到 23 点左右。下班总结一下当天的工作，有时会开会，回到宿舍一般就会很晚了。

今天早上到起床时间了，根本就起不来！

怎么这么累呀？

如果一生都是这样过下去，那得付出多少常人无法忍受的辛苦！

小时候跟着老爸种田受苦，中学为了高考受苦，大学毕业工作了再为工作受苦。命怎么就这么苦呢？想着想着，心里就特别的酸，感到自己受到的待遇是天下最不公的，辞职的念头又泛上心头。

管不了那么多了，给前厅经理梅子(化名)发了个信息，说自己头疼休假了。梅子回信息时有些强硬，我回复大不了不干了。这是我第一次请霸王假。其实自己根本没事儿，只是太累不想干了。

宿舍阿姨又是买水果，又是给我拿药的，搞得我心里很愧疚。晚上，梅子来看我，问我好点没有，我说好多了。这时感觉到自己像个罪人一般，因一个谎言折腾大家，实在不应该。

“那我们出去走走吧，呼吸一下新鲜空气。”梅子说。没有任何拒绝的理由。我们一起来到大悦城，梅子说请我看电影。我有些诧异！瞬间，我感觉到我的思想觉悟，差到连一个普通员工都不如！实在有些愧对自己现有的职务。

明天起，还是好好去上班吧！如果这点苦都受不了，以后怎么做更大的事情呢？

【回头望——自我感悟】

海底捞对管理层的以身作则要求很高，不但脏活累活管理层要抢着干，而且公司的文化制度管理层要带头执行。

在海底捞做管理层是超级辛苦的一件事情。它不光是体力上的辛苦，同时精神压力会很大，因为方方面面的细节要求很高。

然而，即使工作很辛苦，在企业文化和机制的影响下，一帮年轻人拼命努力工作，不断地突破自我，这才有海底捞今天的辉煌。

海底捞的成功，并不是某一个人的成功，是一帮努力的员工一起的成功。

在这里也能看到我的情绪化依然很严重，都当管理层了还请霸王假。其实不光因为累而闹情绪，还有重要的一点是，梅子作为我的上级经理，水平一般而且不够成熟，我从内心里不太服她。

因为自己有这样的切身体会,后来我作为企业高层,就特别能理解管理层出现情绪化现象。因为每个人都是有情绪的,不要因为别人有情绪就否定别人。

2. 管理就是做人

冲　突

2009年
1月3日

有人说："上帝为你关闭了一扇门，就一定会为你打开一扇窗。"

我要说："上帝为你打开了一扇门，就一定会为你关闭一扇窗。"

西单是一个优秀的分店，有一个好店总陈姐，但前厅经理梅子的管理确实不敢恭维。我就在她手下干事情，非常别扭。

经过这么长时间的观察总结，我终于明白这里员工讲话牛的原因了，这源于梅子的管理不当。

她的管理主要存在以下问题：

第一，对员工讲话牛气冲天，不能做到低姿态地尊重员工。想要别人尊重你，你首先得尊重别人，管理者想要得到员工的尊重，你首先得尊重你的员工，而不是靠你的职位和权势去压服员工。在社会上的一些单位，所谓的尊重和客气不过是虚与委蛇而已，但海底捞不是。而梅子在安排工作和开会时，一副高高在上的样子，傲然不可一世。餐中巡台一旦发现员工出现问题，马上就是一顿批。上行下效，员工讲话"牛"的源头就在她。

第二，无限制地开会。西单店的生意非常好，本来管理人员都很累了，下班后还要总结当天的工作或跟员工沟通，而梅子每周要有三四天晚上下班后召集领班等管理人员开会，一开就到十一二点。开会大多以批评为主，既啰唆又无聊，弄得管理人员又累又烦。

第三，梅子年龄小，综合素质不高，考虑问题不周到，理解不了员工的心理状态，管理只浮于表象和说教，自律性和带动性都不够，无法深入人心，导致员工凝聚力和向心力差。

这一系列的问题，让我对她有很大的看法。

今天上午，因小料台卫生的事情，她把我叫过去说个没完没了。我烦了，当时直接跟她吵了起来。吵完后，她又把我叫到一边说教，我忍不住，急火火地说了一句最愚蠢的话："大不了我不干了！"

情绪可以让一个人失去理智，放弃可以让一个人无所顾虑。我现在是破罐子破摔的无所谓心态，讲出这样低水平的话来也很正常。但是应该反思，我当时的举动太过冲动，何况有员工在场，领导之间吵架会让员工失望的，也失去了领导应有的风范。自小学开始，妈妈对我讲得最多的一句话就是："儿啊！你的脾气要改，不然会吃亏的！"

到现在我的脾气依然很不好。从这件事情看出，自己的急躁脾气还需要好好地磨炼。

【回头望——自我感悟】

情绪不时失控，让我在职业初期犯了很多错误，好在通过写日记不断进行自我反思，现在得到了很大的修正。

做管理一定要注意两个问题：尊重员工，高效开会。这两点做不到，员工满意度是无法保证的，工作效率也无法保证。

处　理

2009年
1月10日

袁哥曾经讲过人有两难：惰性和超越自我。

管理三组这段时间以来，我深有感触。有些同事会不断地犯错，甚至是犯同样的错误。有时我内心很难接受，想狠狠地责骂他们，但又不忍心，毕竟现在是冬季，生意比较好，大家都比较辛苦，作为管理者，需要体恤员工。

但错误不纠正就会形成“破窗效应”，导致更大的问题出现。如何在不责骂员工的同时，真正让员工减少错误，是管理人员非常关键的管理技巧。

这几天我处理了组里的罗万龙，效果还比较好。

罗万龙第一次迟到，我找他沟通，问什么原因，他说是累的，早上起不来。这个原因是任何管理者都不能驳斥的，更不能说：“大家都累，为什么别人不迟到？”累是事实，现在的生意很好，工作一天下来，劳动强度大，晚上下班又很晚，确实很累。

我很清楚，如果自己不是管理者，早上也可能起不来。

偶尔睡不醒也是有可能的，如果去斥责员工，会让员工心里不舒服，最终达不到解决问题的效果。

所以，第一次找他沟通，我表示理解他的行为，站在他的角度去体恤他，给他讲一个人应该严格要求自己，为了让自己变得更加优秀、让自己成长得更快，我们应该克服这些困难。沟通后，他保证不会再犯。

可没过几天，他又迟到了，这次必须处理，否则其他员工就会效仿，那就麻烦了。

再次找他沟通，他很惭愧，毕竟他承诺过我不再迟到。

我跟他讲，人都有惰性，我能理解，你迟到虽然不是什么大错，但如果这点你都克服不了，以后怎么做更大的事情？组里员工都能看到的，制度也有规定，如果不处理你的话，我也不能服众，你看怎么处理你比较好？你要记住，不是为了处理你而处理你，大家都这么辛苦，我也不愿意去处理你，而是为了更好地帮你解决问题。

他愿意接受罚款。

员工挣钱不容易，我让他写了检讨，并且在班前会上让他在大家面前做出保证，然后再张贴在公示栏里。我要求他在检讨里，一定要写上如果再犯要罚款，并写清楚数额。

他当时说，如果再犯罚 50 元。

我告诉他对自己要狠点。

最后我们共同约定：如果再迟到，一次罚款 100 元！

其实我当时并不是想罚他的钱，只是通过这种方式去警示他一下而已，可没过两天他真的又迟到了。我只能毫不留情当着全组员工的面，罚了他 100 元。

我在想，如果就这么罚了，是非常不合理的。哪有迟到一次就罚 100 元的道理？但这次处罚确实给其他员工起了很大的震慑作用。

处罚完罗万龙后，我心里有些过意不去。但自从这次罚款后，他不仅不迟到了，而且表现好了。最后，我又通过奖励的形式，把罚的钱奖给了他。他非常感动，由最初要求不高的员工，慢慢变成了组里能撑得起的员工。

管理就是用心对待员工，时刻站在员工的立场上解决问题，深入人心才是关键。在管理过程中，严和爱一定要分开，可以有体贴和关爱，但不可以任由错误横行，及时的沟通和处理在整个过程中非常重要。

良好的团队氛围和员工士气，就是通过深入人心的公平公正、奖罚分明的管理活动营造起来的。

【回头望——自我感悟】

通过这个事件，可见海底捞当初的管理还是有很多随意的成分，管理者自主发挥的地方很多。好的是给了管理者空间，不好的是容易导致管理跑偏。

海底捞的成长也就是这么由不规范到规范的过程，它并不是完美无缺的，那时也存在很多问题。但它解决了一些关键问题——员工满意度、顾客满意度，尽管不规范，也形成了区别于同行的组织能力，让它异军突起。

正如上面总结的，在管理团队时，一定要站在员工立场去理解员工，不能一味地站在管理职位上去要求和命令员工，这样不会让员工真正地服你。

同时，要公平公正、奖罚分明，这样才能建立管理威信。

情绪控制

2009年
1月14日

今天情绪没控制好，冲一名员工发脾气了。这是我下店一个多月来第二次发脾气，影响非常不好。

通过侧面了解，以前组里的大部分员工对我的评价都是很高的，但因今天早上这件事，员工对我的评价大打折扣。

事情的起因是这样的。早上，我为大家准备好早点，大家围坐在一起吃饭。大家一边吃饭，我就一边讲一些当天应该注意的事情。针对组里小杨近期早班都是最后一个到岗的行为，我进行了点评。但是，我还没说两句，她就哭了。

现在想起来，当时更应该去了解她为什么哭。

我在她委屈的同时,也觉得自己特别委屈,我想你老是比大家晚到,说你两句你哭什么?我大声地斥责她,她就更加哭个没完没了,其他人劝也不听。大家都去忙了,她还哭,我就大声地嚷“你就哭个够,今天早上你就哭一早上”,并起脚把自己身边的凳子踢开。

其他人看到我的举动,都愣住了。

晚上,陈姐找我沟通,告诉我在员工面前发脾气会失去自己的人格魅力。有员工已经向她反映了这件事,影响非常不好。她怕我有压力,让我别往心里去,以后注意就行了。事后我也向小杨道了歉,她没有怪我,一直承认自己的错误。

一个连情绪都控制不好的管理者,是不够格的。

我们要求员工上班不能有情绪,情绪控制也是我们考核员工的关键点,而我却当了一次坏情绪的标杆。想想员工很小就从很远的地方来北京打工,每天都从事如此繁重的工作,如果上级还去责骂员工,员工真是会很伤心的。

管理者通过自己的言传身教去带动员工,用自己的大度、宽容、谦虚、进取的人格魅力去影响员工,这才能成为一个好的管理者,才能凝聚团队,战胜困难,创造更好的业绩。

我明白这些道理,但自己却没做到,明白不等于做到,自己还需要修炼。这件事深深地触动了我,也暴露出自身有太多的不足需要磨炼。今天的错误,确实给我上了一课。

【回头望——自我感悟】

管理者随意发泄情绪,是非常糟糕的事情。当初那阵儿,我的情绪经常失控。每个人都不完美,但依然可以改变,我通过不断地自我修炼,身上很多的问题已经得到修正。

管理者一定要去呵护和尊重自己的员工，他们真的很不容易，也只有这样你才能建立起自己的人格魅力。

虽然说领导力不全依靠人格魅力，但这也很重要。

春节晚会

2009年
1月25日

今天在小汤山温泉度假山庄举行了海底捞北京区全体员工的团拜会。

几十辆大巴载着两千多人，行驶在北京的马路上，浩浩荡荡，一路上真是很有气势。

我们将小汤山温泉度假山庄全部包了下来，花了将近三十万元。白天，大家泡温泉、骑马、打保龄球等。晚上，我们在宴会厅举办我们自己的春节晚会。

经过选拔，我成为本次晚会的主持人，心里蛮兴奋的，也很有压力。

从开始下店一个个审核每个店的节目，到编写晚会节目串词，其间遇到了不少困难。选节目时，按照要求每个店只能报两个节目，但有的店却排练了四五个。这样筛选起来真的很为难，既怕打击员工的积极性，又怕晚会安排不好。

选完节目编写串词时，我和望京店值班经理王斌一起，窝在西单店员工宿舍的电脑室里，整整忙了一天才写完。

虽然我们俩的水平都不算差，但既要原创又要好玩的串词，着实“杀死”了我俩不少的脑细胞。就在辛辛苦苦地排完节目、写完串词后，有的店总又提出要改变节目的出场顺序，因此，晚会现场我身兼导演、主持、剧务、后勤四个人的工作于一身，一直紧绷着神经，唯恐出现问题。但就是这样，中间有两个地方的衔接，还是出了点小失误。

晚会开始前，袁哥宣读了张大哥的新年致辞。

晚会快结束时，我和陈志碧弹唱了《完美生活》，可惜现场效果不是很好。因为音箱效果差，听不到我们唱歌的声音，只有吉他声硬硬地飘散在会场的上空，显得磕磕绊绊的。花了一千多元买的音响设备，原指望可以露一手赢得大家的掌声，顺带还能获个奖，弥补一下花销，结果我们的表现太糟糕了，奖励连个边也没沾上，心里隐隐有些不甘。

但总的来说，晚会还是比较成功的。

【回头望——自我感悟】

主持大型活动也是一次很好的锻炼。

想要成长，就得从接受突破和挑战开始。学习就是要让自己走出舒适区，进入你不知、不会、不熟的学习区，甚至把自己丢进极具挑战性的恐慌区。

其实当时接到这样的任务时，我的内心是焦虑和恐慌的。从来没有当着2 000多人主持过活动，而且公司的领导都在。

硬着头皮把这样的任务完成后，内心却充满兴奋和喜悦。

3. 传帮带的使命

领　导　力

2009年
1月29日

这几天，张大哥的新年致辞一直在耳边萦绕。

这一篇振奋人心的新年致辞，让人感到特别的踏实和感动。虽然在春节晚会上这篇致辞是由袁哥代读的，但仍能感受到张大哥那种发自肺腑的真情。

海底捞从4张桌子卖麻辣串起家，靠着张大哥卓越的领导力，带领全体海底捞人创造了一个个奇迹，感恩的同时我也在内心充满敬佩。

2008年是一个多灾多难的年头，海底捞也同样面临自己的挑战与危机。内部管理的形式化、人才培养的考验、企业文化随着发展的稀释、服务水平的下降等问题都成为海底捞遭遇的“冬天”。对此，许多海底捞人充满了担忧。

但看到张大哥这些深思远虑的决策后，我的担忧悄然冰释。

因为，张大哥的决策必定会带领我们走向更辉煌的明天。

海底捞不是一个只追求利益的企业，我们有自己的理想，那就是通过海底捞这个平台，让更多人用自己的双手改变命运。

让一个个基层的丑小鸭，通过海底捞的培养都成长为白天鹅；让一个个农村的孩子都能带着自己的爸妈，登上北京的长城；让一个个来自农村的叔叔阿姨，都能让自己的孩子接受到良好的教育。

然而，海底捞在去年的发展中确实遇到了很多问题，像张大哥说的不良现象——当海底捞在其他地方备受推崇时，在海底捞内部，我们的梦想正在破灭；一些人品不太好的人混在企业的一些关键岗位上；员工财物被盗；制度在执行过程中弄虚作假的现象正在肆意蔓延；基层员工与海底捞联系在一起的纽带正在断裂……这些现象确实在滋生蔓延。

但这些问题无法阻止海底捞发展，因为所有海底捞人都不允许这种情况蔓延。海底捞成长到今天，大家付出了大量的心血，任何一个海底捞人，都不会让一个关爱自己的企业在发展中跌倒。

我想，我们所有的同事都会怀着感恩的心，执行好公司的升迁考制度和绩效考核制度，用“客人是一桌一桌抓的，员工是一个一个凝聚的”理念，来指导自己的日常工作，用一个合格海底捞人应该具备的精神——高度的责任心、自尊心和锲而不舍的探索精神——来要求自己，为企业也为自己交出满意的答卷，像张大哥所说：“我深信，每一个海底捞人都不会听任我们的事业失败。”

“各位同事，从我担任海底捞负责人的那一天起，我的心情是愉快、满怀希望的，我要向你们报告，我没有什么可以贡献，唯有这满怀的希望、辛苦的劳作以及汗水和泪水。”这句话深深地打动了我。

张大哥在面对自己的员工和企业时，像一个信徒般虔诚。发自内心的感恩、与人为善的品质让我感到自己真的很渺小，也很惭愧。因为我自己在工作中还会闹情绪，出现不认真、不执著、不坚定的心态。

任何一个想成就一番事业的人，把自己的心掏出来看看，就知道自己能否把事情做大、做成。

一个能给员工和企业贡献“满怀的希望、辛苦的劳作以及汗水和泪水”的人，他将战无不胜，攻无不克。这简简单单的一句话，包含了一个领导应该具备的核心品质——为大家树立愿景，通过率先垂范带动大家战胜一切困难，用感恩的心态回报员工的付出。

张大哥带领我们做火锅，一个普通得不能再普通的行业，可我相信，我们将会在平凡的行业中，创造一个不平凡的奇迹。

*　　*　　*

今天处罚了组里的小王。

小王原来是海底捞一个分店的大堂经理，因为工作作风有些“官僚”，导致员工满意度特别低，现在被降级成普通员工，分在我的组里。

她的工作状态很一般，甚至不如一个优秀员工的状态。但企业不想放弃她，依然想给她机会，让她通过自我改变再次成长起来。

但她似乎有些疲乏了。

昨天早上，因为我有事情，晚一些才能到店，所以让她代理组里的工作。

我到岗后一检查，发现头一天的收尾工作弄得特别差，卫生有多处不合格，餐前物品准备也不齐全，如果不及时处理，将会使就餐高峰期出乱子。

对她的工作，我相当不满意。她做过大堂经理，对于一个组里的餐前物品准备和卫生状况应该了如指掌，不应该出现这么恶劣的问题，毫无疑问，这不是业务能力问题，而是工作心态的问题，她根本就没有摆正自己的工作心态，也没有明白让她代理组里工作意味着什么。

晚上虽然员工很累，我还是组织全体员工开了个会。

当着全体员工的面，我先给员工道歉，承认我安排不当导致工作出问题，并罚自己 50 元钱。小王看我罚自己，她也主动站出来承认错误，并愿意自罚 50 元钱。

我对这个处理方式还比较满意，它能触动人心，而且会取得较好的效果。

作为一个负责人，你带领的团队出现任何问题自己都有责任，遇到事情应该自责而不是推卸责任。面对问题，真诚比什么都重要，你所做的一切都要发自内心地为员工好、为团队好，而不是简单地照搬规章制度。

只有这样才会加强员工的凝聚力，创造高效的团队。

【回头望——自我感悟】

张大哥每年都会写一篇新年致辞，总结过去，展望未来，这篇致辞也是企业发展的风向标。我建议很多企业创始人和高管找来这些致辞研究学习，里面有很多经营智慧。

企业的竞争，背后是企业家思想境界和格局的竞争。通过张大哥的新年致辞就能看到，他对组织发展的认知很到位，同时他也是一个心怀梦想、心怀员工和客户，并有很强使命感和责任感的人。

在外界都比较推崇海底捞时，公司内部对自己有清醒的认知。内部管理的形式化、人才培养的问题、企业文化随着发展的稀释、服务水平的下降等问题都成为海底捞遭遇的“冬天”，海底捞在思考如何“过冬”。

而张大哥的这些总结“当海底捞在其他地方备受推崇时，在海底捞内部，我们的梦想正在破灭；一些人品不太好的人混在企业的一些关键岗位；员工财物被盗；制度在执行过程中弄虚作假的现象正在肆意蔓延；基层员工与海底捞联系在一起的纽带正在断裂”，也是切中了企业要害。这些问题不解决，企业走向毁灭是迟早的事情。

其实海底捞面对的这些问题，是很多企业都面对的问题，区别就在于有没有认知到，有没有下功夫去解决。这些问题都是组织发展的根基性问题，解决这些问题要花费很大功夫，而且短期不会见效。因此，很多企业就选择忽视，但这些问题最终会让整个组织溃败。

海底捞致力于去做一个优秀的企业，在企业治理上下了很大工夫。不会因为短期利益而忽略长期战略，这是组织健康成长的关键。海底捞始终在追求这样的梦想："通过海底捞这个平台，让更多人用自己的双手改变命运。"

这里对小王的处理也突现了管理智慧。

一方面我重用她，让她承担工作，这样慢慢调动起她的积极性。任何一个管理层人员被降级后，都会出现消极状态，这是再正常不过的事情。因此，作为领导者我们需要通过一个个关怀或鼓励去激发他们走出消沉的情绪旋涡。

另一方面是担责而非责怪。你把工作交给一个降级的经理，他情绪消极，一定会出问题。出问题后你怎么做就很关键，责怪只会让他更反感，甚至造成人员流失。而首先站出来承担责任，真诚去面对问题，会让犯错者或你的团队更信服。

喜从天降

2009年
2月6日

区域经理林姐原本想把我放在西单店培养后，带我去开紫竹院店（北京第十二分店）。今天陈姐与我沟通，想把我放在西单店，让我接她的班，计划5月份让我接管。这个变化让我有点找不到北。

太突然了，自己都没有心理准备，一种从天而降的喜悦反而让自己压力增大。

做一个合格的店总，必须熟悉店里所有的岗位，包括人事、财务，而我现在只熟悉了服务，后厨自己懂得太少。3个月的时间要把所有欠缺的知识补上来，并且把店里所有没做过的岗位轮一遍，确实有难度。

既然陈姐这样说了，那我只能全力以赴去应战，只要努力，没有做不到的。很快乐，没想到自己可以成长得这么快，看来在袁哥身边还是没白待。

【回头望——自我感悟】

这确实有些快，都说走得快了一定会摔跟头，饭需要一口口吃，路需要一步步走。

当你兴奋时，也就意味着你低估了可能的挫败。

真诚第一

2009年
2月8日

陈姐上午开全体员工大会，抽查了客户信息传递的情况。抽到组里的新员工小梁时，他没有回答上来。陈姐问他，我给他传递客户信息没有？他说我给他传递了。

实际上，我并没有给他传递。他是好心，宁愿自己接受处罚，也要维护上级的脸面。

他的做法让我很感动，可我不能昧良心，因为这是撒谎，是极其不真诚的行为。

于是，我举手向陈姐承认自己没有传递客户信息。可我没想到的是，这样做的结果，让小梁在大家面前出丑，让他下不了台。开完会后，他情绪极度失控，差点都哭了。

本来好心维护领导威信，但他的领导却把他出卖了。细想一下，这件事我做得不是很妥当，也许该考虑得更全面一点。在极度自责中，我找他沟通并给他道歉，讲明他的做法为什么不正确。告诉他，海底捞崇尚人品第一，人品中的真诚，是第一中的第一！

这件事情给我的触动挺大，虽然当时考虑欠全面，但我认为我的做法是正确的。如果当时不站出来承认自己没有传递客户信息，那么会给其他员工树立一个投机的“榜样”，长远来说，不利于组织氛围建设。

当时的做法伤到了小梁，但能给其他员工树立真诚为人的榜样。小梁毕竟是新来的员工，可能他暂时不理解我的做法，但我想他慢慢会理解，并且会给他带来积极影响的。

【回头望——自我感悟】

真诚第一，海底捞崇尚这样的文化，我自己也坚守这样的做人准则。

作为领导者，一定不要为了自己的面子和虚荣心，而去做一些虚假的事情。大家都看在眼里，你的投机行为其实是在为大家做榜样，最终把大家带得都不实在，做事投机取巧，那简直就是团队发展的灾难。

一直以来，因为真诚让我干了很多“傻事”儿，但更多的是让我赢得了别人的信任。

巡店观感

2009年
2月10日

陈姐今天带我巡店学习，巡查了我们区域的大慧寺店、牡丹园店，晚上我们一起吃饭并对巡店工作进行了总结。

通过对比，我们发现西单店存在以下问题：员工的礼貌用语不好，后厨的快速准确度跟不上，细节服务不到位。接下来我们要好好地整治一下。

我们区域几个店共同存在的问题是：员工的危机意识不强，责任心下滑，企业文化精神递减，服务质量及态度下滑。这几个问题非常致命，如果不加强管理，可能就会使海底捞与其他餐饮企业没有区别了，也会辜负客人对我们的信任和支持。

企业文化的传承非常重要。海底捞近两年开店比较多，新员工的加入稀释了企业文化中一些优秀的品质。一些员工将个人的情绪及自我意识带进海底捞，责任心不强，因此，加强企业文化的传承非常重要。通过加强企业文化的传承，让优秀员工发挥作用，带动新进员工。

生意好、客人需拿号排队吃饭的现象，让部分员工觉得理所当然，因而不再珍惜客人，危机意识不强，服务态度上也出现问题。对于这部分员工，公司要加强培训并加强管理力度，否则我们的核心竞争力将不复存在。

同时，作为管理者必须保持高度的竞争意识，要在工作中不断发现问题和解决问题，同时把以下几件事情做好：

第一，以身作则，通过率先垂范带动员工。

第二，放下姿态，以人品服人，而不是以职位权力压人。

第三，尊重部下，真诚相待。

第四，对待工作、部下要有耐心、宽容心、恒久心。

海底捞一天天壮大，我也一天天成长，压力重重，但每天都很充实，也很有成就感。事业小成，就在眼前。

【回头望——自我感悟】

文化是企业发展的魂，但随着人员增加，企业发展增速，文化必然面临被稀释的危险。当员工把个人的情绪与自我意识带入企业，企业就面临组织氛围被消解、团队凝聚力被击垮的危险。

即使在2008年，海底捞已经出现因生意好而员工的危机意识不强的情况，现在更是如此。当一个企业员工没有危机意识，觉得自己很厉害，有一些盲目的自信时，就很危险。

在这里总结四点：以身作则、以品服人、尊重部下、有耐心和恒心，这也是领导力修炼非常关键的点。

4. “企业文化不是唱出来的”

情　人　节

2009年
2月14日

今天是情人节，准备了一些玫瑰花和糖。

我和同事魏刚起得很早。我们俩第一个到店，在店门口摆上了玫瑰花，把糖果放好，每个员工到来，我们都会送上热情的祝福和五颜六色的糖果。

“情人节快乐！”一句祝福、几块糖果，这算不上什么，但在一个美妙的早晨，作为上级的我们，为员工精心准备的这个礼物，会让员工感受到幸福的叠加。

幸福是什么？幸福就是在一个恰当的时机，把温暖送到员工心底。

*　*　*

今天我在门口给客人发等位卡号。几乎像抢钱一样，客人们都来抢号。

看见大家拿着卡号等得疲惫的样子，真的有些不忍心。大部分客人都静静地坐在等位区，一边喝水，一边聊天，同时用期待的眼神等我们安排位子的员工请他们入座。

1个小时、2个小时甚至3个小时，这让我特别感动。客人对我们如此地厚爱和支持，我们凭什么不做好每个细节，好好用感恩的心态回报他们？

就是因为拥有这些忠诚而热爱海底捞的客人，我们才能拥有今天的成就。

有一桌客人，实在等不及了，就跑到里面，跟正在用餐的客人协商，请他们吃快点，因为他们实在是饿了。

还有两拨客人协商了一下，他们就一起坐在一张桌子上吃开了。

看到这些举动，我感到很愧疚。客人等急了，并没有来找我们的麻烦，而是自己去想办法，目的就是为了吃顿火锅。客人对我们的理解与支持，让我感到有些无以报答。

今天情侣用餐较多，单次就餐时间比较长，一直延续到晚上十点多。员工虽然很累，但看到今天桌数突破历史最高纪录，大家都很开心。

【回头望——自我感悟】

海底捞无论对顾客还是员工，都会精心地准备一些有仪式感的活动。

仪式感很重要，仪式感会给我们的生活和工作增添新鲜感和色彩，也会给他人带来一定的幸福感。因此，在领导团队时，要刻意创造一些仪式感活动来让员工铭记。

虽然，大家知道海底捞的绩效考核不考核经营数据，只考核员工努力程度(早期叫员工满意度)和顾客满意度，但这不代表海底捞不关注、不重视经营。海底捞在日常非常关注桌数和翻台率等经营指标，桌数意味着客情，翻台率意味着效率。

作为海底捞门店的管理者，门店如果跟去年同期对比桌数下降——经营要求是只能上升或持平，那你就要小心，如果持续得不到改善，你可能会下课。因为这说明你抓顾客不行，你的管理不行，导致顾客满意度下滑。

你看，海底捞虽然不把经营指标列入绩效考核的KPI中，但这却是日常的基础工作。因此，海底捞的经营能力也非常强。它的收入、毛利、赢利能力、翻台率，在行业里都是顶尖的。

管理是为经营服务，一切的管理活动，最终都要通过高收益体现出来。忽视经营的管理，都是“耍流氓”。

低 峰 期

2009年
2月16日

一个店管理和服务水平的高低，在高峰期并不明显，但往往容易在低峰期体现出来。

根据我最近观察，现把低峰期的工作总结如下：

第一，当高峰期过后，因为太累，员工就比较疲惫，这时容易放松，工作投入度就不高，服务会跟不上。这时需要骨干员工及管理人员严格要求自己，带动身边的员工，保持良好工作状态，发现懒散的员工要及时纠正和处理。

第二，在低峰期清班（安排收尾工作和清班）时，有的管理人员把握不好度，有时为了把收尾工作做好，就把一些动作快和业务熟练的员工留下来做收尾工作，而把一些业务不熟、来店时间不长的员工安排去给客人服务，导致服务跟不上。

第三，每个班组的班次没排好，新老员工搭配不均，或者业务熟练与生疏的员工搭配不均，导致清班时质量降低。

第四，有时因清班工作安排不合理，导致部分员工带情绪上班，影响了对客人的服务。

第五，在低峰期时，店里的工作基本由值班经理负责。值班经理要严格要求，现场带动、现场引导，对于低峰期工作积极、投入度高的员工要给予表扬，对于工作不投入、表现懒散的员工要给予处理。

第六，员工的生活和休息能否得到保证，也会影响到他们的工作状态。夜班员工容易被忽略，他们的休息和生活没有规律，很容易出问题，店总和值班经理都要加强关注。

第七，应该安排优秀员工值守夜班。他们的思想意识和工作状态比较好，能保证客人的满意度，但很多时候，调入夜班的员工都是一些表现不好的员工，这点需要引起重视。

我们要把工作的每个细节都抓好很不容易，这不但需要员工有一个好的精神状态，还需要他们有较强的业务技能，只有内外结合才能服务好客人。

总体来说，内在的精神状态要靠激励引导，外在的业务技能需要培训和指导。

员工是我们做好事情的基础，只有员工素质提高了，我们的工作质量才能提高，客人才能更加满意。上级在带领部下工作时，中心内容就是想方设法让客人满意，帮助员工成长和进步。

【回头望——自我感悟】

所谓低峰期，也就是不忙的时候。

很多企业，在忙的时候还好，一旦到了不忙的低峰期，就容易出问题。如何管理好低峰期工作，确保低峰期的顾客满意度，上面这七条还是值得借鉴的。

轮　岗

2009年
2月25日

经过全体员工共同努力，三组终于从一个比较散漫的组变成了店里凝聚力比较强的团队，加上组里的员工成长也不错，所以三组获得了全店优秀小组的荣誉，我也顺理成章地成了优秀领班。

为了更好地培养我，陈姐让我到后厨轮岗学习，在上菜房学习摆菜、切菜、上菜、切羊肉，在配料房学习调锅、端锅、炸小吃、切水果、拌凉菜……

通过近十天的学习，我不但掌握了各个岗位的要领及标准，也深刻理解了各个岗位员工的不易。

管理人员只有掌握了各个岗位的要领和标准，才能在日常管理中明白好与坏、对与错。说和做是两回事，看似简单的操作，背后却需要坚实的基础，真是“台上十分钟，台下十年功”。在自己亲自操作后，我才明白了员工业务技能的重要性，这样以后自己当店总了，就能利用其中的各种门道，指导员工做好本职工作。

后厨是一个为前厅服务的部门。我没有去后厨学习的时候，总感觉这帮厨师磨磨唧唧，帮客人要个东西等好久都上不来，心里就特别恼火。在后厨学习这段时间，看到前厅服务员来要东西时那么急躁，自己也生气，因而明白了各自的不容易。将来如果再遇到前厅后厨发生矛盾的情况，那我就能很好地调解彼此的关系，为建立良好的组织氛围打好基础。

管理并非只是要求别人按照规定操作，还要更好地理解员工、欣赏员工、带动员工。要做到这一点，就需要管理人员对下级业务有足够了解。也许他们不一定有员工做得好，但一定要符合岗位要求的标准和规范。

轮岗制度非常好，能让管理人员深入员工中去了解员工，当然我还需要加强学习，现在只是粗通皮毛而已。

【回头望——自我感悟】

轮岗是非常重要的管理机制，海底捞在这点上做得很到位。轮岗有以下几个好处：

第一，起到激励的作用，能激发员工的工作积极性。当员工在一个岗位上工作疲惫后，通过轮岗能激发他们的工作积极性。

第二，培养人才。通过轮岗，让管理层了解业务，能更好地进行管理。培养更多业务能手。

第三，更好地进行组织协调。当部门的一岗多能人员多起来时，就能更好地进行协调，进而提升组织效率。

第四，能更好地进行管理。尤其是某些人员较少的岗位，或者说比较独特的岗位，如果没有一岗多能人员，他们就可能会为管理埋下隐患。比如：人员流失会让你措手不及，或者他们也容易“牛哄哄”。有一岗多能人员，就能避免这些问题。

企业文化

2009年
3月3日

今天，林姐给管理层开了个会，她强调我们要把企业文化融入平时的工作中，店经理要在平时的一点一滴工作中，对企业文化进行培训与传承。

这让我想起，当时我给袁哥报创新方案时，倡议在公司管理层参加例会时一起唱店歌、背宣誓词，以传承企业文化，但袁哥没有同意。他给我讲：“企业文化是做出来的，不是唱出来的，也不是讲出来的！”

许多企业都有自己规范的企业文化，连一些小镇上的小商店都把“客人是上帝”的标语挂得满墙都是，可他们不见得能做到。在他们眼中，“钱”才是上帝。

而海底捞在企业文化上非常务实，公司通过一点一滴细致入微的工作，使企业文化渗透进每一个员工的内心深处，而不仅是美丽的口号或摆设。

张大哥提出“客人是一桌一桌抓的，员工是一个一个凝聚的”，很荣幸，这句话被我用毛笔笨拙地写出来，装裱后挂在了总公司会议室里，成了我们的工作纲领。每个管理人员笔记本的首页，都工整地写着张大哥的这句名言。

林姐认为，“客人是一桌一桌抓的”就是要求全体员工根据客人的不同需求来为客人提供服务，“员工是一个一个凝聚的”就是要求管理人员根据员工的不同需求去帮助员工。

林姐也讲了海底捞的精神品德是孝敬父母、忠于爱情、爱护员工、知恩图报。对此，管理层时刻要在工作中牢记，并通过自己的行动去带动员工做到。

我认为，很少有企业能像我们这样，上下一致，把企业文化如此坚决彻底地执行；也很少有企业像我们这样，把做人和挖掘人性的善放在如此重要的位置。

卓越的企业文化辅以卓越的执行力，必定塑造卓越的行为，最终创造卓越的业绩。

虽然我们不刻意追求业绩，但我们顺其自然地取得了好业绩，因为我们做好了过程中的一点一滴，结果自然顺理成章地到来。

海底捞的未来将会非同凡响。能成为这个企业的建设者之一，我感到很荣幸！

【回头望——自我感悟】

从这里，我们可以看到海底捞通过一个个行动和资源配置，让它坚守的价值理念实实在在地落地。

好企业与差企业的区别就是，看你能不能把你的文化理念落地。而更差的企业的文化理念都是错的。

企业文化是干出来的，不是唱出来的，也不是讲出来的！这句话对我触动很大。企业文化不是讲了啥表现了啥，而是看你怎么做的。

“卓越的企业文化辅以卓越的执行力，必定塑造卓越的行为，最终创造卓越的业绩。”这句话总结出了海底捞成功的要点。先有好的文化，再通过卓越的执行力把文化变成团队的行动，最后必然创造卓越的业绩。

5. 内心要强大

变　　故

2009年
3月5日

糟糕的一天,事情的变化让人有点难以接受。

陈姐今天找我沟通了一个多小时,最后她说了一句话:“跟任何人沟通都没有今天这么难受!”

在晚上不忙的时候,她把我叫到电工房,开始跟我沟通。

在这个过程中,我一直低着头,内心翻江倒海,希望破灭后伴随着落寞的焦灼,脑子里一片空白。陈姐讲的话,我有一多半没有听进去。

那个让我瞬间崩溃的消息、让我没有丝毫心理准备的消息就是:我不能在西单店实践我的店总岗了。原因很简单,我没有参加升迁考,没有参加升迁考就不能实践店总!但当初为什么又要让我在西单店实践呢?而且还轮岗培养了这么长时间。

升迁考的制度并不是今天才实行的,从2007年就已经公布实施了。让我感到不可理解的是,大堂经理梅子却可以在西单店实践店总岗,很简单的原因,就是她参加了升迁考。

梅子在任大堂经理时,管理做得并不好,员工满意度也不高,我敢说这两点我都比她要强,而且我的综合素质要比她高。但没想到的是,已经定好的让我在西单实践店总,现在却要让给她了。

换个别人也行呀!

更可笑的是，陈姐跟我沟通时强调，梅子来的时间比较长，要给她机会。

升迁考是一个不断摸索和完善的制度，并不成熟，现在却成了我不能实践店总的唯一理由，可我知道西安片区杨姐的助理没有参加任何的升迁考，却仍然可以实践店总。

我至少参加过大堂经理的升迁考。一个制度在一家公司，对于同样状况的两个人却出现了不同的执行结果，这一点让我难以接受。

陈姐让我先任西单的后厨厨师长，弥补我这方面的不足，为以后自己真正实践店总打好基础。我在后厨岗位还学习了一个来月，梅子还不懂后厨呢。

接下来我将成为她的下级，这有些荒唐。虽然我接受不了这样的现实，有些失望，但我会调整好自己的情绪，去后厨好好地学习。

已经既成事实，自己别扭也没啥意思。是金子总会发光的。

【回头望——自我感悟】

这就是组织公平理论，人不关注自己的收获与付出，而是会与别人比较。而每个人一定都会高估自己，而低估他人。这就是管理的难点。

当然，从这里也能看出，海底捞在早期也很混乱，制度随意变换，也存在很多不公平的地方，引发员工不满也正常。

但这个过程每个企业都会面临，在制度化变革面前，总会有人成为变革的牺牲品。企业如何把不公降到最小，这是考验管理功夫的地方。

日清日结

2009年
3月10日

出任后厨厨师长后，我面临的最大难点是做好日清日结。

我每天早上的第一件事情就是通过电脑系统查询昨日的销售情况，对照昨天晚上夜班盘点的库存数据，计算出昨天的全天损耗。

这是件麻烦差事，有一个环节出问题，数据就对不上。

这几天，有时因为盘点不准，经常得跑到冷库里刨开一根根羊肉进行盘点，有时用一个早上，数据都整不清楚，弄得自己很没有成就感。

上任才几天时间，细节不太熟悉，学习一段时间就好了。

日清日结是我们学习海尔后推行的，对一个厨师长乃至店长来说非常重要，这样不但能清楚地知道每天的销量，也能很好地通过损耗来控制成本。

通过日清日结我们发现某个产品的损耗很高时，能判断出是由于员工的业务不熟练，还是由于员工的节约意识不强导致浪费严重。找到原因后就能及时地跟进管理。

厨房是店里成本控制的一个核心部门，也是产品质量的命脉所在。一定要在保证质量的前提下控制成本。如果因控制成本而提供给客人质量差的产品，那将得不偿失。

“塞翁失马，焉知非福。”这次任职厨师长让我学到很多，有种豁然开朗的感觉。

虽然我为没能实践店总有些窝火，但有机会先在厨师长的岗位上好好学习，把基础打牢，会使以后的成长更好、更顺。

【回头望——自我感悟】

海底捞的日清日结学的是海尔的日事日毕。

海底捞就是跟一个个优秀的企业学习，并把他们的优秀实践转化成自己的行动，继而不断获得成长和突破。

通过在海底捞做日清日结，更进一步看到它对经营的重视。该省的绝不浪费，该花的绝不抠抠搜搜。

所有的成本控制一定是建立在确保质量的前提下，不能为了控制而控制，这是要领。

白杰出走

2009年
3月19日

今天白杰被店长在全体员工大会上通报批评，原因是他闹情绪擅自离岗。

这个处理决定让我很过意不去，因为事情是由我引发的。最近白杰在担任值班经理，负责夜班的工作。16日夜班人员下班后，白杰发现后厨准备的水果不足，就在对讲机中一遍遍地呼个没完。我派人去准备了。他又跑到后厨来喊，指责后厨准备工作没有做好，并且批评了配料房的领班。

他为客人着急的心理我能理解，也很欣赏他的责任心，但我对他的唠叨有点反感，就让他别喊了。结果，我们俩吵了起来。吵完后，他卸下对讲机说："我不管了，随你弄去吧！"说完就走了，扔下了夜班的工作。

本以为他跑出去一会儿，消消气就回来了，结果没有回来，也没有回宿舍。

他出走了。

我们派人去找他，也没找到，我很担心他会出事儿。

没想到，他跑到白塔寺去了，第二天才找到他。

当时我没有控制好情绪，语气凶了点，一下子把自己师傅给气跑了，心里像打翻了五味瓶，不知道说什么好。

我们吵架肯定不对，可丢下工作出走，这是对客人不负责任，这个问题就严重了，因此必须处理。

海底捞有两种问题不可容忍：一是人品有问题，如撒谎、欺诈、滥情、不孝敬父母；二是置客人于不顾，对客人闹情绪，不想办法满足客人的合理需求，服务时懒散。

这些问题都不能容忍。

你可以笨，你可以傻，你可以没有学历，你可以没有长相，但你不可以没有好人品和好的心态。

处理白杰无可厚非，但我是事件的引发者。何况他年龄比我小，还是我师傅，这让我很愧疚。认真反思，我的脾气真的需要好好地修炼，不然以后会闹出更大的乱子。

【回头望——自我感悟】

我在做管理的路上，犯了不少错误。

我这么多年来，是在不断地发泄情绪与克制情绪中成长起来的，并不完美。但我一直在努力去面对自己，改善自己，做真实的自己。

没有什么比真实更有力量。

又生变故

2009年
3月25日

我很平静地接受了事情的再次转变。

林姐今天跟我沟通，让我做大慧寺店的后备店总，准备让我接管大慧寺店。本来，听到这个消息时应该高兴，可我内心非常冷静。变化太快，等我高兴得不知东西南北时，说不定事情又起变化了。

原本要实践西单店总的变化，着实给了我一些打击。

【回头望——自我感悟】

海底捞就是一个“变”字，成功不是偶然的，不断地改变自己以适应环境，并塑造自己的核心竞争力，这就是适应性战略。

回　　家

2009年
3月26日

今天我买了回家的机票，很久没回家了。

我马上要去大慧寺店上班，先回家一趟看看父母。回来后我要努力地工作，尽快让自己成长起来，早点把他们接到北京来住，为辛苦了一辈子的父母尽点孝道。

陈姐给我父母买了一些营养品，给我妈妈买了一件衣服，让我带回家送给爸妈，并代她向我的家里人问好。

陈姐的细腻和周到让我感动、敬佩。

爸妈拿到这些礼物，一定会为他们儿子上班的单位感到骄傲。

回来后我就要去大慧寺店报到。在西单店，陈姐为带我费了不少心，我没有很好地帮到她，还惹了不少麻烦，有些不舍，更有些遗憾。跟着这么优秀的店总，我没有利用好在一起相处的时间。

*　　*　　*

晚上睡不着。

明天就要回家了，兴奋、喜悦。

家里的山应该绿了,麦子也盖住地了吧!

我要上山去放放牛,忘却一切压力和烦恼,在充满嫩芽和春泥气息的山坡上,尽情挥洒热血青春。

我一直做着一个白日梦,就是希望自己事业有成后,修一条宽宽的柏油路,把家里的旧房子换成一栋小别墅,开着车带父母去兜风。

已经两年过去了,白日梦依然是白日梦,但我要将这个白日梦做下去。

【回头望——自我感悟】

我是一个农村孩子,对农村老家的眷恋是挥之不去的情结。我希望老了,不再为事业奋斗后,能回到老家去写写东西,种种地。

以后,还真会这么去做。

这么多年来,内心强烈的想法,我都会努力地去实践。

五

打造核心竞争力

情商高不高，一个很重要的表现就是自己能否持久感受别人的喜怒哀乐。人是有私心的，这是人性，我们无法违拗；但人还是博爱的，这也是人性，我们应该发挥。关注别人的情绪，提高情商指数，为自己建立一个友爱和谐的人生氛围，既在快乐中工作，又在工作中快乐。这是一个多有意思的人生啊！

1. 竞争的压力

幸福在哪里

2009年
4月2日

痛苦正如命运和死亡一样，是生命中无可抹杀的一部分。没有痛苦和死亡，人的生命就无法完整。

——弗兰克

这次回家带着无限的憧憬。

自2007年5月份回家后到现在，我一直都没有回过家。回家可以尽情享受家乡小山村的静谧，也可以好好地跟父母聊聊天。

没有想到，今天是我长大以来最伤心的日子。

原来以为一年多没回家了，儿子在北京也混得不错，马上就要当店总了，父母应该非常高兴。可今天中午，这一切美好的向往和设想，都在爸妈的一场争吵中散尽，让我的心情十分沉重。

我痛苦地思考着，什么才是幸福？

中午，爸妈因一个话题争执起来，互不相让，都认为自己是对的而对方不对，结果大吵起来。然后，爸爸开始谩骂，扯长嗓门不断吼叫。妈妈不甘示弱地喊："我已经忍你一辈子了！"我也大声制止他们，让他们别吵了。

这时，爸爸竟冲到妈妈面前，准备用暴力证明自己。我拦住他，看到他愤怒的眼神，我心里绝望透顶，狠狠地抽了自己几个嘴巴后痛哭起来。

妈妈急忙过来，抱着我一起哭了起来。我不知道自己为什么要抽自己的耳光。到底是为自己的不争气，还是对父母的不理解？好像都不是，就是一种绝望之下的自然反应。

父母这一生并不幸福，辛辛苦苦一辈子，生养了四个女儿和我，盖了一栋土房，吵闹一辈子，最后供养出一个大学生。

在他们的想象中，供一个大学生出来，就可以让他们扬眉吐气、光宗耀祖。可这个大学生毕业快两年了，现在好像没法去实现他们的愿望，他们依然得平平淡淡地劳顿于山村，与野猪、老鹰、山林、黄土为伍，扛着一辈子积攒下来的疾病继续奔波。

面对老迈的父母，尤其是父亲那沟壑纵横的脸和斑白的头发，我心中充满了敬畏，也充满了惋惜。

父母就这样老老实实地劳作一辈子，到头来收获到的是什么？几乎一无所有。伴随着争吵这么走过来，为的就是自己的儿女都有出息。老一辈人认为，女儿长大了是人家的，不敢有什么指望，唯有眼前的儿子是他们生活下去的最后的救命稻草。

否则，他们的生活将变得毫无意义。

我为父母一生叹息的同时，也在反思人的一生到底意义何在。

我到底该如何经营自己的人生，让自己和家人变得幸福？

【回头望——自我感悟】

我跟父母之间，尤其是跟父亲之间由于他对我过于严厉，存在巨大的隔阂。

我跟父母之间的这种隔阂直到 2017 年才开始有所好转。我通过学心理学,跟身边的朋友交流自己的内心,最终理解和接纳了他们的问题,化解了我们之间的关系问题。

原生家庭会给孩子带来巨大的成长阴影,有人甚至需要花费一生去修复。而更有甚者,他们的人生就在小时候的关系模式下轮回,至生命终结无法解脱。

经营意识

2009年
4月8日

现在全公司都在执行新的绩效考核模式,将以前那种靠经验、感觉的评比方式改变为更加规范和系统的方式。

4月1日那天,现在的师傅、大慧寺店的现任店总徐姐把电话打到我的老家,传达了张大哥关于落实绩效会议的精神。

张大哥讲,领班先不给员工做绩效考核,因为领班的综合素质还有待提升。

要做好绩效考核,领班要做到四点:敬业度、创新、带头作用、责任感。现阶段,领班在这些方面明显不足。在基础不牢的情况下做绩效考核,就会出现偏差。

大堂经理以上级别的员工要给下级做绩效考核,而且一定要做好这个工作,否则会影响到海底捞的发展。

有些企业做绩效考核时,进行末位淘汰。海底捞没说末位淘汰,也没说末位就不淘汰。

张大哥主持的这次绩效会议,明确了海底捞的战略重点。做好绩效考核,意味着海底捞将上升到一个更高的层次,以后能否做好绩效考核工作,也将成为一个管理人员的重要考核指标。

用一个月的时间轮完门迎组岗后，我就要到大堂经理的岗位上轮岗了，绩效考核将是我需要重点学习的科目。徐姐让我学会谦虚，不能骄傲，我一定照办。

我知道，我现在的外在表现好像很谦虚，但骨子里还是有一股傲气，这是需要在实践中加以克服的。

* * *

4 月 6 日，我正式到大慧寺店上班。

公司为了更好地培养我，让我开始轮岗门迎组，学习酒水、收银、发等位号、等位服务、给客人安排座位、清理客人的等位号等岗位。

其他的一些岗位以前都做过，我重点学习收银岗。收银岗是一个非常需要细心的岗位，我没有做过，这个岗位对于一家门店来说非常重要。即使客人整餐消费非常满意，也可能因为结账出问题，而让客人的所有美好体验都化为泡影。

* * *

最近生意有些下滑。虽然与今年的金融危机有些许关系，但主要还是我们自身管理上出现了问题。

因为员工不断更换，我们的一些优良传统不断流失，服务水平也下滑，顾问式、针对式服务减少好多，现在只剩下一些眼镜布、手机袋、橡皮筋等基本服务。感动服务的内容减少了不少，而这些基本服务早已经被许多餐饮同行借鉴，仅此服务，客人就没有理由只选择海底捞了。

今天去我的“老窝”北奥店学习，明显感觉到员工那种紧张感、“抓”客人的意识、热情度都大大不如以前，如此下去，客人不流失才怪。

另外，周边的餐饮企业都在搞返现、打折等活动，但我们依然无动于衷，这也会分流我们的客人。加大力度提升服务水平，经营方式多样化，将是我们的出路。

【回头望——自我感悟】

在这之前,海底捞的考核还是靠感觉和经验的,评价指标很模糊很主观。但从这之后,慢慢地转向数据化和客观化。

海底捞很重视经营,在这里又一次体现。

向同行学习

2009年
4月13日

今天去同样做火锅的一个同行店里学习。

他们的迎宾很热情,服务员也很机灵、很闪光,跟客人沟通大方得体,会尽量去满足他们的需求。店门口每天都有节目表演,挨着街边有免费的饮水、加气等活动。

这不得不让我感到危机四伏。

这家火锅店是学习、模仿海底捞的一个火锅店,虽然从现在来看,他们并没有真正掌握到海底捞管理、服务的精髓,但他们的势头很强劲,离我们的店也不远,将会对我们形成很大的竞争压力。

除了感受到危机外,我也很佩服这家店的老板。

他们在开业前,总经理赵女士亲自到海底捞卧底,当了半年多发毛巾的阿姨。

董事长张总也想到海底捞卧底学习,但在培训中心被发现是同行后,给清理出去了。

而且,他们提前在海底捞许多门店安排了他们的员工进行学习。这种为了学习海底捞的做事、管理、服务方法而如此费尽心机的企业,真的很少见。

学习海底捞的企业很多，但这么用心学的企业却很少，手段这么“可怕”的企业更少，学习得这么像的企业我想也就仅此一家吧！

排除道德因素不谈，我真佩服这家店老板的敬业精神。这对我们来说无疑是当头棒喝。今天有他们这么做，明天说不定就有其他企业也这么做，他们会与海底捞形成强烈的竞争，蚕食海底捞的客源。

今年面临金融危机，现在服务又下滑，而我们的家门口又卧着一只“老虎”，这是一个可怕的现实，必须想尽一切办法应对。

【回头望——自我感悟】

如今这家企业已经不存在了，当初其董事长和总经理都去海底捞卧底，并安排不少员工在海底捞卧底，确实风光一时，让海底捞都感受到危机。

海底捞高层和门店管理层不断去这家企业学习。

但这家企业后来越来越膨胀，越来越把自己当回事儿，并不断地疯狂扩张，最后全面溃败，被市场淘汰出局。

企业的发展，一定要基于能力成长，而不要基于机会成长。企业发展是一个长跑运动，它不是短跑。也许你有时领先别人，但缺乏耐力和体力，迟早要败下来。

淡　季

2009年
4月17日

进入了淡季，大家原本应该紧绷神经服务好进店的每位客人，但后厨最近的几起案例让我感到担忧。

昨天发现豆腐有些酸了，上菜房的领班竟然说“没有的事”。在我的督促下，厨师长鉴定后发现确实有点酸，就报废了。

今天上午，我发现鸭血的分量不足，每份差十几克，我将这个现象告诉上菜房领班和厨师长，但他们没有及时采取措施。

后厨最近的一系列问题，反映出他们的服务客人意识淡薄，后厨管理存在严重问题，管理人员发现问题及解决问题的能力也在退化。我很担心。照此下去，海底捞将毁在这些细节问题上，前辈海底捞人的辛苦付出将被他们清零。

海底捞之所以有今天，是靠优秀的前辈真诚做人、用心做事换来的。今天许多所谓的海底捞人，只不过是为享受好的福利待遇而来，他们并不理解海底捞前辈的艰辛打拼。

尤其在生意虽然下滑但客人等座依然如故的情况下，减少工作错误才显得弥足珍贵。这些细小的变化，只有经历过海底捞艰难创业的前辈才能够深刻地体会到。

唤起大家的危机感、责任感、使命感将变得至关重要。

现在已不同于以往任何一个时期，海底捞不仅面临淡季，还有金融危机的影响，更有竞争对手的挑战。只有大家都具备了危机感、责任感、使命感，我们才能战胜困难。

关于淡季的几点思考如下：

第一，因为现在生意淡，我们必须采用一些营销方式。中午一般客源不多，要想办法提升中午的客源。

第二，加强业务大练兵，提升员工的服务水平，在针对性服务、特色服务上多下功夫。

第三，加强产品质量的管控，严格要求厨师按标准甚至高于标准操作。

第四，管理人员要深入服务一线，带动员工提升服务意识。

第五，加强员工的危机意识，随时准备“过冬”。

【回头望——自我感悟】

海底捞生意很好，但管理层甚至优秀员工，都有很强的危机意识。同时，他们真正站在企业的立场和高度考虑问题，不断反思优化自己，这是很了不起的组织氛围。

没有责任感、使命感和主人翁精神，这是做不到的。

海底捞是如何有这样的氛围的？

首先，企业尊重员工，当然也就换回了员工对企业的尊重。

其次，双手改变命运的价值观，让大家的目标一致，劲能往一处使。

再次，强大的执行力将企业文化变成大家的行为准则。

2. 克服自以为是的毛病

考核的关键

2009年
4月19日

一个海底捞人应该具备3个特点：

第一，一定要反映问题。

第二，顾客满意度要高。

第三，带出的徒弟要多。

我认为这3点是考核一个员工以及管理人员的关键点。

反映问题是一个人责任心的体现，全体员工都做到积极反映问题，那么，上级领导就能及时了解员工的思想状态、工作的进展状态、客人的满意状态，从而便于上级作出正确的决策，及时解决问题。

可以想象，一个员工发现问题而不反映，将不利于问题的解决，而且这种漠视问题的行为是责任心缺失的具体表现。

任何一个海底捞人发现问题后，都应该想办法解决并及时反映给上级。否则，这个人就不符合企业用人要求，也不会在海底捞有好的发展。

在任何一个企业，一个无法让客人满意的员工就不是一个好员工。

管理人员就更不用说了。我们的发展就是由客人的满意度决定的，没有客人的满意也就没有企业的生存。

如今是一个产品过剩的年代，人们选择的余地很多，客人的一次差体验让企业损失的不仅是一次生意。

随着竞争对手的模仿学习及经营者服务意识的提升，海底捞现今的服务水平将会变成一种常规状态。更好地提升顾客满意度，将比任何时候都关键。

所有一切的实现都靠人才，人才的培养是企业成败的核心。无论是普通员工还是管理人员，能够带出更多的徒弟，让更多的优秀人才成长起来，才是我们工作的重中之重。没有人才，一切都白搭。

海底捞靠师徒制传承企业文化和培养人才。因为这种传统管理方法运用得非常好，所以才有了今天的成功。而现在许多企业一心去学国外的管理方法，完全忽视我国行之有效的传统管理方法，是不可取的。

人，永远都是人，不可能用制度或流程将人物化，否则，必将压抑人性，限制人的主观能动性，那将是管理的最大失败。写到这里，我再次回想起去年 8 月 31 日袁哥关于培养人才的讲话。

在讲话中，袁哥谈了在干部培养上的几个误区：

第一，在选人方面。现在，没有足够的时间来对他们进行判断和分析，所以我们只能看到表现好的一面，表现不好的一面往往被隐藏或者分析不出来。

第二，我们在各岗位、各部门的员工，特别是大区经理、片区经理和店经理上岗之前没有经历过系统的理论培训，海底捞培训教材中规定的岗位职责不够明确。

第三，上下级之间，包括平级之间沟通不畅。

第四，我们在实践中带下属时把握不好度。

第五，我们没有很好的办法去激发干部的学习精神并提高理解能力，我们更多的是教我们的下属具体去做某件事、抓某个点，但往往忽略了公司的重要文件制度、公司的终极目标等方面的学习。

袁哥的话，值得我们好好体会。

【回头望——自我感悟】

员工能积极解决问题，解决不了的问题要积极反馈，这是一个优秀组织重要的体现。让真正的信息在组织流动，才能做出正确的决策。

能确保顾客满意度，这是一切活动的价值归属点。不能提升顾客满意度的管理和活动都是做无用功。

培养出更多人才，这是优秀人才的关键工作之一。只能让自己成为一个优秀的人才，是无法更好地为组织做出更多贡献的。而一个培养不出人才的管理者，就是失败者。管理是通过他人实现工作目标，培养不了人才，你用什么去实现工作目标？

真正的紧迫感

2009年
4月21日

真正的紧迫感来自深切的获胜心。

——约翰·科特

对于一个组织来说，受物欲横流的现实影响，让全体员工为组织获胜而全力以赴越来越难。

我身边的员工也一样。

海底捞前辈可能做到了这点，但现在这种精神正逐渐消失。因为无法做到同心同欲，员工们的真正紧迫感明显缺乏，出现了虚假的紧迫感。

最近生意在下滑。我们每天都将当日的桌数，与上月及去年同期进行对比，并制订出第二天的目标。袁哥也要求，从保安、迎宾、服务员到后厨员工都要清楚今日的上桌情况及当日目标。

但抽查时，发现有些人并不清楚这些情况。

一个连当天的上桌目标都不清楚的员工，肯定无法创造更多的机会让客人满意。

一讲到生意下滑，大家似乎都很着急。有的人当着上级的面讲得很好，可真正观察他的工作状态，会发现他有时不是那么专注，见到客人也很平淡，不该犯的错误也在犯。

这种虚假的紧迫感，真的让人很上火。

这是人性的弱点。

人都是有私心的。如果能让员工做到为组织的胜利全力以赴，产生发自内心的真正的紧迫感，那么，我们的桌数会逐步上升，而不是下降。

【回头望——自我感悟】

真的紧迫感，是大家会为组织的获胜而全力以赴。这也是组织发展的精神支柱，如果员工对组织的发展漠不关心，行为与组织目标分离，那是很危险的事情。

海底捞特别重视桌数，“每天都将当日的桌数，与上月及去年同期进行对比，并制订出第二天的目标”。然而全体员工都要知晓这个目标，并要清晰了解现状与目标之间的差距，并用行动一桌桌地抓顾客。

企业的窗口

2009年
4月29日

整个门迎组是企业的窗口。

从事迎宾、美甲、擦鞋、游乐园管理的人员，是首先接触客人的核心岗位。客人不但通过这些环节看到了企业的形象，还能形成第一次难以磨灭的服务体验。

所以，整个门迎组员工的业务技能、热情度、服务意识、服务态度，将直接影响到海底捞在客人心中的形象以及接下来的服务体验。

掌握了门迎组的工作，也就掌握了前厅工作的一大半。

这几天我用心轮岗门迎组的各个岗位，受益匪浅。

* * *

牡丹园店的店总马哥被拉下来了。因为在这次“天鹅行动”中，发现他的员工满意度不高，其他片区的经理建议把他降级，这样对他成长有好处。

亲身经历了几次周边的同事被降级，本来已经习惯了人事上的上上下下，但这次感受有些特别。

我知道马哥非常努力，几乎全身心地投入工作中，付出了很多。做店总的时间还不到一年，可结果是，他被降级了。

降其他几个经理时，我知道他们问题很大，但马哥的问题还没有大到必须降级的份儿上，也许再给他点时间，他会很好地成长起来，但却被草草地降级了。

针对这件事，我认为有3点问题值得自己思考：

第一，“天鹅行动”中，其他片区经理只是片面了解了一下分店的情况——因为他们不可能全面地了解一个人，就随便建议把一个店总降级，这是很轻率、很主观的行为，这样并不利于员工的培养和成长。

第二，员工的优劣与领导有直接的关系。一个店总被降级，那培养他的区域经理是否也应该承担连带责任？因为是在培养期，他并不是犯了原则性的错误，而员工满意度的提升也是需要时间的，但结果只降了经理。

第三，将来我被任命为店总时会怎样？严峻的现实让我感到有很大压力。

【回头望——自我感悟】

海底捞通过“天鹅行动”去发现人才，也发现不符合要求的人。但这时，还停留在比较主观的阶段，这也是企业发展的必经过程。

海底捞淘汰机制是很残酷的，包括员工，干得不好随时都会被“干掉”。

海底捞不只是外界想象的那样，是一个让员工有家的感觉的组织，竞争激烈、淘汰残酷，这也是海底捞的真实状态。当然，海底捞的人文关怀确实做得好，这是不容置疑的。

对于努力的员工来说，海底捞是天堂；对于贪图安逸的员工来说，海底捞是地狱。

海底捞并不适合每一个人，它适合真正想改变命运，并愿意付出一切的人。

竞　争　力

2009年
5月14日

拓展、发展自己独特的竞争力，是企业经营经历风雨而不败的关键。

海底捞用自己独特的服务模式，赢得了客人的认可和赞许。但现在，因竞争对手的纷纷效仿，这点优势已不再那么明显。如何建立更加优越的模式，让其他同行企业无法效仿，需要我们再次创新与变革。

再次的突破，我认为可以从以下两点着手：

其一，提升“家”文化，让客人感受到海底捞像家一样温馨，将我们的亲情、激情通过服务延伸，传递给客人。延伸我们的服务项目，为客人提供更多实惠的服务，如帮客人订购电影票、机票等。这样，可以让客人因海底捞而得到更多便利。

其二，传递“饮食”文化。通过举办厨艺比拼、在等座区举办美食问答等活动，让客人了解饮食文化知识，向客人传递一些健康的饮食理念。

* * *

海底捞近几年声名鹊起，部分员工的自信反而膨胀成自负了，包括一些管理人员也开始自我膨胀。伴随着企业的发展，员工的心声已经开始被怠慢，我想这是个危险的信号。

松下幸之助的话，也许是我们的一个警钟，希望领导都能看到松下的这则短文：

> 那一点一滴累积成的自信，一不小心就会变成自负，而把自己压死。
>
> “自以为是”是最可怕的观念。一个人一旦自以为是，就丧失了正确判断事情的能力；同时在观念上也会固执己见，很难接受不同的意见。一点一滴积累起来的自信，不知不觉就变成了“自负”，滋生出“有己无人”的骄傲情绪，忘记了感谢，没有了反省，出现重大过失也就难免了。

这种“自以为是”的可怕观念，往往会导致没有任何积极意义的争执。有了这种观念的国家，就会发动战争；有了这种观念的企业，就会搅乱市场。

因此，现在最关键的问题，就是清醒的自我认识与坦诚的自我批评。

【回头望——自我感悟】

“拓展、发展自己独特的竞争力，是企业经营经历风雨而不败的关键。”这句总结得极好，没有自己独特的竞争力，企业是没未来的。

竞争力怎么来？

通过管理层、核心骨干、优秀员工一起努力拼博得来，他们谦逊地学习，并认真务实地做好手上的每一件事情。

海底捞随着名声远扬，生意火爆，加上新加入的员工没有老员工的创业精神，他们很容易陷入“自以为是”的局面。

然而，“自以为是”是企业失败的引子，企业必须全力杜绝。

3. 责任心再强一些

创新性服务

2009年
5月25日

昨天区域经理林姐打电话让我们传递两个服务技巧：

一是如果客人打电话订餐，可以征询客人有没有喜欢的服务员。

二是不管谁的老顾客到店消费，经理一定要去认识。

今天我给员工做了这方面的培训。这两点做好后，我们的服务又会得到很大的提升，体现出我们对客人的重视，让客人感受我们对他们的尊重和关注，也能体现我们贴心的服务品质。

询问客人是否指定服务员，是一项非常有效的措施。如果客人点了自己喜欢的服务员，我们就可以提前做好安排，以免客人到店点名服务时，因安排不过来使客人不满意。

许多员工都有自己熟悉的老顾客，但店总并不认识，店总去认识老顾客，会让客人感到很有面子。

因为接电话的人员很忙，店总也很忙，真正做到这两点并不容易，但我们一定要做到。

* * *

我越来越感觉，做好服务是一件很有趣的事情。

刚到大慧寺店时，我发现前厅员工凯子的点台率特别高，经常会有客人点名服务，而且美女客人占多数。

原来，他创造了一套很有新意的方法。

他在给客人服务时，手上一定会带上橡皮筋、扑克牌等道具，寻找合适的时机给客人表演魔术。在带给客人惊喜的同时，也让客人之间充满了欢快的气氛。

有客人过生日时，他会说："我送你个礼物！"如果出现客人投诉，他就说："哥、姐，别生气，为了表示歉意，我特意为你准备了一个节目！"

客人因他一个小小的魔术而欣喜万分。这个创新性服务，真的很棒。我就让凯子教店里的其他员工，包括我在内还有几名学得快的员工就成了我们服务的突击队，随时准备给客人带来欢乐。

为了让凯子更好地发挥这项专长，我特意请了魔术师过来教他，以免他程咬金三板斧，时间久了客人也就习以为常了。

我们的细节服务已经做得很好了，但同行也可以学会！只有不断创新我们的服务，我们才会成为"一直被复制，不能被超越"的传奇！

【回头望——自我感悟】

为了提升服务，大家时刻在思考如何进行创新服务，如何通过更适合、更体贴的服务提升顾客满意度。

然而，推动这一切的是文化与机制。

海底捞人

2009年
5月28日

下午我给全体员工培训了"怎样才能做一名合格的海底捞人"。

我让员工自问：

在责任不明确时，你发现问题是否采取行动？

一时半会儿完成不了的工作，你是否坚持？

如果谁能做到这两点，谁就是合格的海底捞人。

每一个海底捞人都是海底捞的主人，遇到问题责任不明确时，最能考验员工是否把自己看成海底捞的主人。不愿承担责任，是许多人都爱犯的错误，而每个海底捞人都应该去承担更多的责任。海底捞人具备顽强的战斗力，不会轻言放弃，持续地将一件事情认真做好是我们重要的品质。

在接下来的工作中，公司要随时进行抽查和引导，将这些理念贯穿在员工的生活和工作中去。因为最近一段时间，有不少新员工加入，下午例会我还提出了以下几点要求：

第一，同事回宿舍要将手机调成静音，不准在宿舍外面走廊打电话，以免影响别人。

第二，在任何地方都不可以乱扔烟头。

第三，任何人遇到客人必须热情礼貌地问候，否则罚到门口去迎接5桌客人。

第四，离店50米内不能吸烟和玩手机。

第五，上班必须打起精神，否则罚值班、洗碗、打扫厕所。

虽然员工知道海底捞的要求、制度、规范，但如果没有深入心中，他们照样会犯错。员工犯错，上级管理人员必须及时培训、引导、纠正，否则这些要求、制度、规范就会成为一纸空文。

【回头望——自我感悟】

责任不明确，你是否采取行动，这是看大家的责任感；一时完成不了的工作，你是否坚持，看的是耐心。

哪个企业的员工如果能做到这两点，那一定是一个了不起的企业。

从这里可以看到，海底捞的纪律是非常严明的。

过程与结果

2009年
5月30日

今天晚上巡台时，发现一些员工积极性和工作投入度不高。

于是，下班后我找一些老员工沟通。小谭告诉我，她都不想做了。我问她为什么，她说，太压抑了！

这句话让我震惊。海底捞是以创建快乐和谐、公平公正著称，但现在，员工在这样的环境里竟然感到压抑！我不得不反思管理上的问题。

最近每天接待的桌数有些下滑，大家压力比较大，在抓桌数、抓服务的时候，很少考虑员工的感受，对员工的关心也不到位，导致团队氛围下降，大家彼此之间的互帮互助也有所减少。

长期处在这种状态，会得不偿失。

太注重结果而忽略了过程，员工都不开心，不用说，这种情况下服务和桌数是很难上得来的。

我们必须先从员工的心抓起，才有可能提升服务和桌数。以后的工作方向公司要进行调整，不能给员工太大的压力。要将我们的目标和压力转化成员工的动力和方向。

员工的心理有时是很脆弱的。他们的心智还不太成熟，跟管理人员的想法是有差距的。我们要多站在员工的立场上考虑问题，而不仅仅从自己的立场。

【回头望——自我感悟】

管理者在关注组织目标时，一定要关注员工的心理状态。

如果组织的目标让员工从内心反感和排斥，那是很难形成战斗力的。

管理者要做的事情，就是统一员工与组织的目标，形成合力和战斗力。

发现问题

2009年
6月3日

这几天，我跟着上深夜班，以进一步了解、学习深夜班的工作，为就任店总打好基础。

今天晚上，我给老顾客刘哥送上新泡的菊花茶时，他说，我又感受到海底捞的服务了！他的话让我很震惊。我连连道歉让他原谅我们服务的不到位。

仅一杯茶就让他感受到了海底捞的服务，可见我们低峰期的服务差到什么程度！一到低峰期，大家都忙于收尾工作，置客人于不顾，给客人服务的员工也是懒洋洋的，一点都不投入，客人需要的东西也不能快速准确地满足。

这跟值班经理的管理有关系。值班经理没有及时发现这些问题，再这样持续下去是很可怕的。

晚上，徐姐开会分析了管理层发现问题的能力欠缺的原因，指出服务水平下滑是大家责任心不够和要求不严造成的，睁只眼、闭只眼，怕得罪人。

我很认同。随着开店数量的增加，我们现在不但没有长进，反而在倒退，甚至背离海底捞一些优秀的文化，连发现问题的能力都在降低，这会成为海底捞的灾难。

一个管理人员，最基本的能力就是要学会发现问题。发现不了问题，就没办法去纠正、解决问题，时间久了，小问题就会成大问题，再纠正时已经为时已晚。

而发现问题的能力，就是从基础业务学习开始，基础打牢才能承担更多。

【回头望——自我感悟】

发现问题才能解决问题。

怎么发现问题？

第一，基于标准，看标准与现状之间的差距。

第二，基于目标，看目标与现状之间的差距。

第三，基于经验，形成实战经验。

直面问题

2009年
6月10日

以前在片区巡店时，有人说到有员工为客人剥虾没有挑虾线，可我并没有重视这件事情，因为我自己也不会。

今天晚上我帮客人剥虾时，员工看我剥得惨不忍睹，还在虾肚皮底下挑虾线，就真诚地指出我剥错了。

我当时脸上很挂不住，心里很惭愧。来海底捞快两年了，还不会剥虾！

这件事情让我反思，其实自己还有很多东西没学会，只是在虚荣心的作用下，我没有虚心去求教，甚至冒充自己什么都会，以树立自己的权威。

这种掩耳盗铃的行为，对自己的成长是很不利的。

在没有亲手去做一件事情时，好像自己什么都懂，什么都没有问题。当自己亲自去做时，就会发现自己很多东西都不懂，问题很多，只是没人指出而已。

直面自己的问题，时刻准备接受别人的批评与指正，这样才能更快地学习与进步。

* * *

我联想到前段时间发生的另一件事情。

那天，保安很着急地找到我，说停车时把客人的车剐了。我急忙把情况向师傅徐姐汇报。徐姐为了培养我处理突发事件的能力，就让我全权处理。

我到了停车场，看到客人的车门被剐了一条道。客人非常生气，说我们对你们这么信任，怎么能出这样的事情？

我竭力安抚客人，并和他商议赔偿事宜。他情绪激动，要求赔偿2 800元钱。当时我咨询了一下别人，认为合情合理，于是，就答应了客人。

当我处理完后，徐姐把我叫到一个包间跟我沟通。她认为这件事我处理得不太好。听她这么一说，我当时特别上火，没有心思听她下面的话了。就在她转身离开包间时，我的火冲破了头顶，伸手用力地拍了一下桌子。

徐姐回过头来，惊讶地看着我："你干吗？"然后转身就走了。事情过后，她也没有找我，更没有提起这件事情。

这反而让我很自责、很纠结，我就去找她承认了错误并让她处理我。她告诉我，没事儿了，以后控制好自己的情绪就好了。

这件事情除了说明自己情绪控制能力欠缺外，同样像自己不会剥虾一样，内心有一种莫名的虚荣和自卑，很怕别人不认可。

写下这两件事情，自己似乎轻松了许多。我们只有直面问题，才能进步和提升。不敢直面自己的错误和问题，注定失败。

遇到问题深刻地剖析自己，尤其是人性深处的问题，才能从根儿上解决问题。

【回头望——自我感悟】

虚荣和自卑合起来，就容易让人不敢面对自己的问题。无论是剥虾还是处理客人剐车问题，自己都怕别人说自己做得不好做得不对，哪怕错了也试图掩饰自己。

这种状态，很多人都存在。也正因为要面子、怕批评，就容易愤怒和情绪化。这都会阻碍自己真实地面对自己，无法帮助自己成长。

敢于面对自己，并深刻地去剖析自己的问题，尤其是人性深处的问题，自己才能进步，才能突破自我。

关于海底捞的思考

2009年
6月12日

海底捞得到社会各界广泛的赞美和吹捧，好像我们很完美了，其实不然。

如果我们沉浸在外界的好评中和自我膨胀中，那么我们就会被竞争对手追到家门口消灭掉。所幸我们还没有到这个地步。但大家那种小骄傲还是有的，包括我自己，有一种优越感和精英意识。

我长时间内心有一种很强的憋屈感，想说点什么，又不知道该怎么说、对谁说。我怕自己苍白的话语像一粒沙子落入大海。这个和平的时代，太多人喜欢当喜鹊，而我甘当乌鸦，今天，我将自己的一些想法汇总起来，发给相关领导。

对当前海底捞若干发展问题的思考

一、企业文化的稀释

由于开店速度在加快，海底捞的企业文化被稀释，但目前没有找到较好的方法予以解决。

许多骨干开始弄虚作假，像张大哥说的，一些人品差的员工混进了我们公司的关键岗位，和谐的氛围正在消减。

管理层与基层员工的距离也越来越大，反馈信息最直接的渠道被切断，反对意见及建议很难被接纳。

同样，许多下级也不敢针对上级的指令提出异议——哪怕是有问题的指令也得拼命埋头执行。

执行力是很强，但有效性却在下降。把上级的每个指令和想法都奉为“圣旨”，会成为企业发展的灾难，然而我们正在步入这种灾难。

二、服务停滞不前甚至倒退

我们现有的服务体系仍然是几年前的老模式，现在只是在复制。

有些优秀的服务方式都慢慢被忽略了。送眼镜布、手机袋的方式，已经被其他同行学会，给老人送南瓜粥、给小孩送蒸蛋、给孕妇送泡菜等特色服务都正在被忽略。

而刚起步的××火锅店，餐前送四五种小凉菜、餐后有木瓜水、对老顾客送果汁等方式，已经对我们形成冲击。

我们的许多服务细节，别人都学走并进行了创新和提升，而我们自身却还在原地踏步，这有点让人后怕。××火锅店的生意暂时没有达到理想的效果，但他们在进步，慢慢就会拥有自己的忠诚客户群。

就目前看，我们的客人还是很多，那是因为我们拥有大批忠诚的客人。但客人的忠诚度并不等于客人的满意度。

对于海底捞来说，等座排队吃饭并不能说明客人是满意的，也许是因为不满意才来，因为他们想体验到真正的海底捞服务。

每次在门迎处听到客人火冒三丈地说“我永远都不来海底捞了”时，我的心里特别难受。这就是我们桌数下降时拼命留客但又忽略客人感受的结果。

三、创新缺失

在为恩碧架、包丹袋自豪时，我们新加入的这么多员工，为什么没有一些类似的突破性创新出现呢？是员工出了问题？员工变了？创新已经被“创”完了？我相信都不是。

以前员工给我报创新方案，向我投诉创新结果没回音，我去各店回访时发现，创新方案已经采用一个多月了，但有的店经理还没有给提交优秀创新方案的人员发奖励。甚至有些员工都不知道自己的创新方案已经获得通过。他们的贡献被忽略了。

这可是公司的一项重要工作！前几天我把创新方案提交给区域经理的助理，他让我下月4日再交。现在公司要求每月4日提交创新方案，我不明白为什么创新方案非要改成定期上交。

我想，创新一定是工作中随时随地产生的思想火花，公司能迅速运用和尝试，是对员工的一种肯定和鼓励！但没有。创新方案成了定期上交。24小时随时为员工开机收集创新思路的方式，变成了现在的定期上交，有点不明白。

四、老顾客流失

经常光顾的客人不常来了，甚至有的老顾客不来了。

什么原因？我想是海底捞的一些服务已经无法满足他们的需求了。现今在客户工作上，客户经理经常抱怨："员工'抓'客人的意识不强，好像'抓'客人都是客户经理的事儿！"

许多员工对自己的老顾客很热情，会运用授权给客人赠送一些礼物和菜品，但对别人的老顾客却连招呼都不打，这会让客人感觉被冷落。客人都吃了几年海底捞了，但我们的服务却一成不变，甚至在倒退，客人会怎样想？

在许多细节上得罪客人，或提供不了优质、创新的服务，是老顾客流失的原因之一。

五、制度缺乏连续性

公司不断地推出新制度，大家风风火火干一阵，时间一长就被搁浅。执行制度缺乏连续性。大家都不停地忙于执行新的制度，执行一段时间就抛于脑后，而一些优秀的制度却没有得到很好的执行。

以上是我这段时间对海底捞日常工作的一个总结，我准备把它发给袁哥，希望引起大家的重视。

【回头望——自我感悟】

其实这些总结还是蛮到位的，一针见血地指出了问题的症结！

只不过自己情商太低，这样的文字直接发给张大哥是有问题的，会让自己的领导很难堪。而且，自己只看到了问题，并没有客观地去思考和反思。

任何企业，都会有问题，一定是在优点与问题的综合评估中才能客观评价，否则，容易出现过高评价或过低评价。

4. 激活人才潜能

昌平拓展

2009年
6月17日

今天，袁哥带着各店的后备店总去昌平进行拓展训练，一天下来特别辛苦，但收获不小。

刚开始，我们做盲人哑巴游戏，两两组队，一个人扮盲人，一个扮哑巴，互相协作沿着峡谷攀岩下沟，过程很刺激，感触颇深。

游戏结束后，我们在一个大石头上坐下来交流自己的心得。我们分享了彼此信任及沟通的感想。

接着我们又做了传数字的游戏。一个简单的数字，经过十来个人的传递全都变了。这让我们懂得，每个人都有自己的想法。

沟通中的障碍，就在于人都会以自己的经验和习惯想当然，或自以为是地作判断，进而导致沟通不畅或失效，造成工作失误。

然后，袁哥给我们讲解店经理必须做好的重点工作：

第一，客户定位。

我们的客户定位是：为家庭和朋友聚餐提供一个优质的就餐环境。

知道了我们的定位，就要根据相应的客人提供相应的服务。在为客人服务中，最可怕的是你不知道客人的特定需求，以及知道了客人的特定需求但没有采取行动。

作为管理人员，你要知道你部门来了哪些老顾客，来了哪些新客人，以更好地满足客人的需求。

第二,员工的基本需求。

管理人员一定要知道员工的基本需求,并想办法去满足。员工的基本需求有:衣、食、住、行、休息、安全、归属感、尊重、情感、升迁。

第三,如何开好班前会。

班前会的程序:激励、解决问题、反问。

班前会要注意3个问题:首先要知道“向谁说”,即你要知道你开会的对象是谁;其次要知道“说什么”,即你要知道向部下传达的内容是什么;最后要知道“说多久”,即你要知道每个内容该说多长时间。该长则长、该短则短。

第四,工作中的难点、疑点。

工作中的难点及疑点,是你要分清哪些事情是有规律的,哪些事情是无规律的。对于有规律的事情,如一些特殊岗位,要发现客人的需求,做到“人无我有,人有我新(创新)”,让客人感觉到物超所值,如美甲。

对于一些无规律的事情,你自身精力是有限的,你可能顾不过来,就要授权给员工,让他们及时进行处理,如客人投诉。

第五,工作日志。

管理人员写好自己的工作日志非常重要,只有写出了自己的困难、苦恼、经验、教训,才能更快地进步、提升。

工作日志的内容包括:昨天计划的完成情况、今天发现的问题、今天的感想及明日计划。

第六,怎么选干部。

选拔干部从三个角度考虑:人品,诚实度,抗压能力。

经过袁哥的培训,我对店经理如何做好本职工作有了更进一步的了解。

最后进行的内容是集体峡谷拓展。前行的道路上出现了一个大湖。我下水游过去,试探了一下。水的深度快要没过头顶了,队伍中的女生们根本过不去。男生可以慢慢蹚过去,女生必须由男生背过去。

确定这种方式可行后,袁哥第一个下水开始背员工过河。许多男生受到感染,不管会不会游泳,都开始下水背女生过河。

这一刻,虽然有哗哗的泼水声,但整个氛围显得很安静。这就是真正的团队,具有战斗力的团队。

【回头望——自我感悟】

袁哥是从基层开始一步步干出来的。通过他的总结,可以看到他对管理的认知是非常到位的。

管理者要成为高手,只有通过大量的实践才能习得。通过实践不断地去洞悉人性,并总结工作规律,如此你才能更好地进步。

代理店经理

2009年
7月14日

今天师傅徐姐回家探亲了,由我全权代理店经理的工作。有压力也有挑战,这是一个展现自己实践能力和发现自身问题的好机会。

下午袁哥来巡店,发现洗手间便池没冲水,问我,我却不知道。问我低峰期能坐多少桌,我也不清楚。问我今天来了多少老顾客,认识了多少新客人,我也答不上具体的数据。

袁哥有些恼火,但今天并没有冲我发脾气。这让我更难受,也明白当一个店经理并不是那么容易的,自己还欠缺很多。

洗手间便池不冲水的问题，保洁华叔已经反映几次了，但没有得到解决。

袁哥说，这样的现象不但会影响客人的满意度，也会打击员工的积极性。

不重视员工反映的问题，或员工反映的问题得不到解决，会严重打击员工的积极性，时间久了，员工就不会积极反映问题了，管理中就会出现很多漏洞而无人顾及，员工最终也会成为一个不合格或不称职的员工。

* * *

昨天宿舍的热水停了，我没有及时想办法解决。今天区域经理林姐问起时，我仍是有些茫然。林姐批评了我，并要求我，晚上下班后一定要安排员工给宿舍送热水。

晚上，当我把热水送到宿舍时，员工特别感动。

原本我想的是天热，没有热水也无所谓，但根本没想到有些女员工是不能用冷水洗澡的。

在员工关怀上，我还得加强学习，多跟一些优秀的店经理学习。

给员工多些关怀，员工会感恩于你。这不但能更好地凝聚员工，还能让员工减少后顾之忧，更加用心地投入工作中。

【回头望——自我感悟】

做好管理，就是要解决大量现实中复杂而细微的问题，偷不得懒。

做管理一个非常重要的点，就是要重视员工反馈的问题，尤其是事关员工切身利益的问题，这样才能保证员工满意度。

我们通过激励引导员工多发现问题，并把问题及时地反馈上来。作为管理者，你收集到问题后，就要下功夫去解决。

斥责领班

2009年
7月20日

今天，我情绪失控地斥责了领班阿栗。

早上，阿栗在往展示台的器皿里装葱花、香菜时，凉菜房的阿姨告诉他盒子里有水，让他擦一下，他竟然狡辩说没水。阿姨找到我投诉他时，我去检查看了一下，盒子里确实有水珠，就让他擦一下。

他拿着盒子往外倒水，并说“你看有没有水”，显得特别轻狂。我指出了他的问题。他依然狡辩，态度很不好。我非常生气，大声地斥责他，准备把他拉下来，降级为普通员工。

海底捞的管理人员一定要谦虚地接受别人的指正，并用心去改正，而他却背道而驰，显然已经有些不符合企业文化的要求了。

前几天，安排他组里的员工集体休假，本来希望大家集体休假出去一起谈谈心，增强部门的凝聚力，但他组织活动却没人参加，像一盘散沙。

我找到他，让他反思问题出在哪里，他告诉我“大家说累，就让他们睡觉呗”，显出一副无所谓的样子。

他根本就意识不到自己的问题，让我感到寒心。

他很聪明，也很能干，但部门的员工满意率和工作执行力度却是店里最低的。

原因就在于他在尊重员工、了解员工心声方面做得不到位，而且自以为是，总感觉自己是对的。他的莫名的自信已经到了自负的程度，很难再听进别人的意见。这可以说已经“病入膏肓”了。

不给予他沉重的打击，他不会痛，也不会去改变自己。只有把他降级，让他在打击中看清自己的问题，他才能更好地进步，否则会越来越远离企业的要求，最终毁了他自己。

同时，我自己今天的情绪失控，有失领导风范。不管部下犯多大的错误，都不可以斥责他们，因为这很容易引起反感和抗逆心理，不利于问题的解决。

【回头望——自我感悟】

不重视员工满意度的管理者，是很难做好管理工作的。

作为管理者，一定不能自以为是，想当然，必须深入现场去了解员工的心声和工作，才能更好地做决策。

阿栗后来确实被降级，他确实不符合管理者的要求。

人性的弱点

2009年
7月23日

昨天晚上，物流来货比较晚，晚班的员工都出来搬货，但正常班的几个员工却偷偷地溜走了。

这件事，我越想越不对劲儿，是哪里出了问题？懒惰是人性的弱点。但这个时候出现这个问题，我想这不是偶然的。

这几天，我在代理店经理的工作，明显感到自己的威信不足，还没有将全店所有的员工凝聚起来，所以员工们的懒惰天性慢慢暴露出来。

员工们用心做事的程度在下降，工作的紧张感也在下降，激情度也不够。这更进一步让我感受到管理并非那么简单。

真正的管理不但能凝聚起员工，还能形成自己的威信，这样才能形成强大的团队战斗力。

我必须通过自己不断的努力，做好每个细节，做到率先垂范、公平公正、奖罚分明，这样，经过长时间的积淀，才能够真正形成团队战斗力。

【回头望——自我感悟】

好的管理者能把差员工变成好员工，而差的管理者能把好员工变成差员工。

刚开始履行店长的职责时，你会发现员工不服你，工作状态也会下滑。这就是因为自己还没有形成自己的威信，没有形成凝聚力，无法更好地领导大家。

同样的企业，同样的管理，不同的人管理结果是不一样的，这中间的差距就是领导力的差距。

组织氛围

2009年 7月29日

现在的氛围不是很好。不够活跃，也不够积极，给人的感觉是死气沉沉的。

我与员工沟通后，发现许多员工感到压力很大。

这不是个好现象，如果让大家感到压抑，那员工就很难用心去把工作干好。

我要想办法让大家释放压力，创造一种良好的组织氛围，让大家愉快地工作。

只有凝聚了员工的心，才能真正地把工作干好，否则很难调动起员工的积极性。

如果只是迫于压力和权威工作，是很难形成好的氛围的。

就目前而言，还有一些员工的心没有和我紧扣在一起，还得想办法深入员工的心中。

员工的身心投入是管理者最大的财富。做好员工的工作，激发员工的潜能，那么一切的后续工作都不再是问题。

【回头望——自我感悟】

员工的工作投入度是管理者的财富，也是组织的财富。

让员工投入地工作，提升他们的敬业度，这是管理的目标之一。

5. 关注员工感受

活着的意义

2009年
8月2日

我无法要求我的员工在不满意的状态下，还继续带着笑脸让客人满意。

——唐骏

员工是否满意，直接决定他工作的好坏。

影响员工满意度的因素很多，如上级的工作安排是否合理，情感关怀是否到位，奖罚是否分明，工作环境是否公平公正，工作中是否得到尊重和重视，付出是否得到回报，授权是否到位，是否充分得到信任，是否不断地得到成长、进步、提升……任何一个管理人员，当员工出现问题时，首先要反思自身的问题。

员工不时会出现情绪化、不服从的现象，这很正常。同样，作为管理人员，当自己的部下没有成长、没有进步，自己也应该反复检讨。管理人员最大的责任就是培养人才。连这点都做不到，自己就不是合格的管理人员。

我今天开始读稻盛和夫的《活法》，如饮甘露一般。老先生大学毕业，因找不到工作，差点混迹于黑社会，最终通过自己的努力，创建了两家世界500强公司，而且从没有亏损过，真是让人佩服。

我非常喜欢老先生说的话："工作就是修炼自己的平台！"我自己就是想通过海底捞这个平台磨炼自己，所以才能有今天。如果能让员工充分地理解这句话，那我们的整体工作状态会得到很大的提升。

*　　*　　*

我一直在思索一个问题，那就是活着的意义。

赚钱？责任？功成名就？享乐？我想都不是。这些都不足以支撑起这么重大的一个命题。稻盛先生的《活法》解开了我的疑惑："人类活着的意义、人生的目的到底是什么？对于这个最根本的疑问，我仍然想直接回答，那就是提高心性，修炼灵魂。"

活着的意义就是修炼自己的灵魂，修炼自己的内在世界，让自己在生活的点点滴滴中，"通过每天的工作磨砺心智"。

梳理一下自己的想法，我设定下自己的人生终极追求：

磨炼心性，提升修养；

挖掘潜能，寻找灵魂。

【回头望——自我感悟】

"工作安排是否合理？情感关怀是否到位？奖罚是否分明？工作环境是否公平公正？工作中是否得到尊重和重视？付出是否得到回报？授权是否到位，是否充分得到信任？是否不断地得到成长、进步、提升？"这些是检验员工满意度的重点，也是管理者的行动方向。

学习稻盛和夫先生的《活法》，对我的影响挺大的。他促使我开始思考人生的意义是什么，不断地让自己的境界和格局获得提升。

时运不济

2009年
8月10日

紫竹院店（北京第十二分店）管理人员名单已经在公司办公自动化系

统上公示。

我有些担心，也有些不平。

我刚到大慧寺店工作时，区域经理林姐准备让我去做紫竹院店的店总。就在我把各级管理人员确定好后，公司出台了新的制度——只有A级店的后备店总才能去接管新店，而大慧寺店是B级店。

因为西单是A级店，最终梅子成了紫竹院店的店总。

从升迁考到现在的A级店后备店总资质，每个关口我都成为公司新制度的牺牲品，有些时运不济的感觉。

公司倡导公平公正，可只有A级店的后备店总才能接管新店这个制度，我觉得非常不公平也不公正。

首先，一个A级店的后备店总，并不代表他就比一个B级店的后备店总优秀，只能说明现有的A级店店总比现有的B级店店总优秀。

其次，选择一个新店的店总，应该根据公司的用人条件来综合考核，而不应仅仅用A级店一个指标来考核。大慧寺店是B级店跟我没有多大关系，因为我来的时间并不长。西单店是A级店，那是现有店总陈姐的功劳，跟梅子的关系也不大。

最可气的是，确定我去接管新店在前，A级店制度颁布在后，但这项制度却把我卡下来了，这对我来说是不公平的。

对公司现在新推出的一些制度，我深感失望。

不过没关系，9月份我们店就可以申请A级店。还有一个多月的时间，用心工作，争取能申请过关，那时不管是接管新店，还是接管大慧寺店都顺理成章。

也许这是老天对我的磨炼吧！好事多磨嘛，也没什么大不了的。经历风雨，道路会更顺畅。

【回头望——自我感悟】

海底捞制度变化很快，但制度的变革把先前的决定推翻，且接连两次都在我身上发生，同时我又知道有的区域却没有完全按制度执行。

也就是说，我成了制度变革的牺牲品，这引发了我极大的不满。

这也是我后来选择离职的导火索。

管理之惑

2009年
8月19日

培训师陈丽跟我沟通时说："你们管理层现在变了，不像以前那样了！"听到这句话，我心里有些难过，也仔细反思了一下。

一是跟员工沟通太少了，没有及时了解员工的想法，导致员工有被冷落的感觉。沟通是管理之魂，缺乏沟通的管理是非常可怕的。

二是对员工的关怀不够，亲情化工作执行不到位，员工没有得到很好的关爱。

三是现在新员工较多，在培养新员工时，忽视了对老员工的培养。同时，我也发现骨干员工的责任心有所下滑，反映问题不够，不敢去指出不良现象，缺乏带头作用。

一个店总自身能力再强，如果不能让店里的骨干员工发挥作用，那照样管不好店。真正的优秀店总，能够复制出更多优秀的人才，并让他们带动新员工做好工作。

现在的骨干员工出现的问题，与我的管理不到位有关系。既没有完全抓住骨干员工的心，导致向心力、凝聚力不够，又缺少对他们的培养。关注不够，忽视了他们的退步。

尤其是没有做到严格要求，致使他们有些松懈。如何真正抓住员工的心，需要用心去实践、体会、总结。

【回头望——自我感悟】

真正履行店长的职责时，发现自己还是欠缺很多，有时员工横竖对你不满。没有凝聚力，没有领导力，员工心还是散的，怎么可能会有好结果。

其实，真正想领导好一个团队，上来先不是做事，而是要想法凝聚员工。

家　访

2009年
8月26日

今天公司派人到我家里进行家访，作为对我晋升前的一个考查。

爸妈知道公司要派人来，他们特别高兴。就是这个叫海底捞的公司，感谢他们为公司培养了一个优秀人才，每个月要给他们发“工资”——父母补贴。他们从来没见过哪个企业这么重视他们的儿子，还派人去家里访问。

我内心也挺自豪。一个企业不但能为员工发工资，还能给员工父母发补贴，这样的企业并不多。自己累点、苦点都已经不再重要，重要的是让父母感到他们的儿子没让他们白费心思。

袁哥的新助理到我家进行家访，主要是了解我的成长环境、我父母现在的生活状况和我是否孝顺等。

家里条件不好，山村颠簸的小路差点走断她的脚。

她对我走出大山，独自上北京闯荡还是蛮敬佩的。我一直有个愿望，就是接父母到北京住，在父母眼里我还是个孝子。

这次家访为我以后的晋升加分不少。走时，我告诉爸妈，改天儿子会开车回来接你们到北京的。爸爸笑着说："我不去，我在这里看家，把你妈接过去！"从他们幸福的笑容里，我读到了极大的满足。

我不知道这个愿望什么时候能实现，但我一定会为这个目标努力的。站在山顶上回望起伏的山峦，20 年来的生活场景像影片一样在脑海中翻滚，心中有股说不出的滋味。

【回头望——自我感悟】

小时候的生活条件真的很苦，我一直要逃离，也想早点接父母逃离。

海底捞对核心干部考察得很严，对人的心性要求很高。他们相信，一个都不孝顺父母的人，是不可能真正对顾客好，对员工好的。

无论是给父母发父母补贴，还是家访，都会让家长和孩子本人获得极强的自豪感。

六
难舍海底捞

人生有涯，学海无涯。在对待学习时，我们应该把自己变成海绵，尽自己全部力量去吸收对自己有用的知识。学习内容应有所侧重，还是以能结合工作为好。兴趣是老师，如果我们对所学内容充满兴趣，全力以赴并乐在其中，那么，我们一生就会硕果累累。

1. A级店落选后

《白 银 帝 国》

2009年
9月1日

今天休假，去电影院看了《白银帝国》，慰劳一下自己，让自己紧绷的神经放松一下，以更好地投入战斗。

《白银帝国》里描写的山西票号“天成元”，堪称清代的全国“金融大鳄”，掌控着全国的金融体系。生意鼎盛时，拥有我国各地以及俄国、日本、南洋等23个分号，富可敌国。

本片的主线正是商业帝国“天成元”两代人之间的传承故事。除了讲述父子二人的情感故事之外，更是借传承故事表现我国两大思想体系——法家与儒家的义理之争。

影片又通过对绑匪横行、八国联军、辛亥革命等一系列历史事件的背景展示，凸显出晋商不同于其他商帮的“商人重义”精神。

看完《白银帝国》，在敬佩“天成元”的卓越之外，更为现代一些无良企业感到悲哀。现在有些企业“不仁不义”，脑袋削尖钻进钱眼里，为了谋取利润，干尽违背良心和道德的事情，让人鄙视。

《白银帝国》讲道，让一个人折服，要靠“名”“利”“威”。它经典地阐释了管理的实质。那就是在管理中要做到：给予人一定的名望，让员工得到尊重；让其获得应得的利益，满足人合理的欲望；施加一定的威严，增强团队的执行力。

这样，管理就能顺理成章地进行，取得良好的效果。

【回头望——自我感悟】

一部电影、一次谈话、一本书、一次课，都可以给我们带来管理上的启发。

自我反思

2009年
9月3日

今天上午参加区域经理林姐的培训课，我的表现有点差，在培训进行中打起了盹。林姐发现后并没有批评我，而是让我去洗把脸清醒一下，我感到特别内疚。

西单店店总陈姐在帮我分析我自身的缺点时，我当场反驳陈姐，说她讲得不对，显得很不谦虚。一个不谦虚的人，是很难取得突破和进步的，只能原地踏步。

我现在还有一种比较强的自负心理，认为自己学历高，而且跟袁哥学习了那么久，甚至不把一些店总放在眼里，觉得别人都不如自己。

我反思自己还存在以下问题：

第一，工作流程执行得还不是特别到位，从早晨起来到晚上睡觉，什么时候该干什么事情，干到什么程度，自己虽然比较清楚，但一忙起来就有些乱，执行中会打折扣。

第二，发现细节问题还不足。管理中就是要不断地发现问题和解决问题，尤其是一些细节问题，要及时发现，以防“破窗效应”出现。

第三，培训员工的方式方法还不够丰富，有时培训了，但效果不明显。

第四,“抓”客人的能力还不足。管理人员只有提升自己“抓”客人的能力,才能更好地去带动员工和要求员工。

*　　*　　*

下午我给前厅的新员工进行了业务培训,发现他们在服务流程的熟习上比较欠缺,岗位描述也不是很清楚,工作起来显得混乱,摸不着头脑。

在跟新员工沟通时,他们反映,上级对他们的肯定、鼓励不够,有时工作起来会没有信心。

这个问题很严重,明天要给所有的新员工的师傅开个会,让他们在引导新员工时多关怀、多肯定、多鼓励、少批评,这样有助于新员工的成长。

个别老员工拿自己的标准来要求新员工,这是一种不负责任的做法。每个人的成长都是有过程的,谁都不能用一个成年人的标准来要求一个婴儿。

有些老员工在新人面前摆出前辈的姿态,可耻可恶,要坚决禁止。

【回头望——自我感悟】

管理是实践的艺术,管理知识与管理理论都会简化管理复杂的多面性。

真正只有沉入实践,才能摸清管理的门道。在一定实践的基础上,再辅以管理知识的学习,你才能真正在管理上有所沉淀。

商学院是教不出好的管理实践者的,只能教出分析家和理论家。真正的管理者,必须在实践中去磨炼。

原本在没带店时,觉得自己还挺行的,真正自己去领导一个店时,发现根本不是那么回事儿。

落选 A 级店

2009年
9月12日

A 级店评选结果出来了，我们店没有通过。

郑州区域的经理来检查，说员工有点懒散。门迎组领班阿左和服务组领班阿栗的带动性不强，达不到评 A 级店的标准。

A 级店评选，主要从顾客满意度、后备干部培养、业务状况（卫生状况、设备设施、财务指标）三个方面来考核。

这次他们来检查，发现两个领班工作的激情度不高，而且当场发现服务组领班阿栗在高峰期没有投入服务中，纠正时他还狡辩。前厅共四个领班，两个都出问题，说明我们的后备干部培养是存在缺陷的。

同时，他们发现员工懒散，也就是员工的工作投入度、积极性不高，所以，我们的顾客满意度也没有过关。

这样的结果，对我们店每个员工来说都是一个沉重的打击。评不上 A 级店，店里的后备干部就不能及时得到晋升。不管怎么样，大家都得面对这样的结果。

我也感到很惭愧，因为这段时间毕竟是我在负责管理，师傅徐姐把很多事情都交给我操作。

下面我总结一下管理中存在的问题：

第一，对员工的要求还不够严格，尤其是管理干部。

像阿栗应该早些拉下来，他现在的状态不适合当领班，缺乏真诚、谦虚的态度，平时做事情比较自我。但我们一直给他机会，结果却导致这次事故发生。

第二，人员安排不合理，负责人的带动性不够，导致员工懒散，尤其是门迎组。

这个部门非常关键，无论是检查人员还是客人，会因门迎组的状态而产生难以磨灭的第一印象。门迎组领班阿左是从值班经理降级下来的，她有一些情绪还没有调整过来，尽管能力强，但热情度、带动性都比较欠缺。

第三，管理中的奖罚分明、亲情化工作做得还不够，凝聚员工上还欠缺。

结果出来了，就得有人来承担责任。因阿栗、阿左是这次A级店落选的主要原因，今天开大会将他们两个人降级为普通员工，让他们好好反思自己的工作。

用人很关键，一个员工，尤其是管理人员，重要的是他的心态及状态，工作能力倒在其次。再强的能力，如果心态上不够积极，照样会产生负面影响。

这次用人的失误，值得我深深反思。如何做到把合适的人放在合适的岗位上，对于一个店总来说非常重要。

【回头望——自我感悟】

那时海底捞刚刚执行店级评选制度，只有A级店才有资格出去拓店。一旦一个店没被评上A级店，下面的管理人员都没有机会出去开店。

为什么大家都想拓店，让自己的徒弟出去开店？很重要的原因是，徒弟开好店，师傅能从徒弟店中获得分红。但如果徒弟开店，只能拿C，师傅就分不了红。总共三个级别：A、B、C，C级店最差，连续拿C级就会被淘汰。

这就是海底捞"连住管理，锁住利益"的核心制度。

怎么评选A级店？围绕"顾客满意度、人才培养、业务状况"三个点进行。

面对失败

2009年
9月15日

失败不能让我失去勇气，这只能让我得到更多的磨炼。

——甘地

这次A级店评选没有通过，徐姐也就不能直接把店总的岗位交给我，我还得实践。看到跟我同样是大区经理助理的阿碧已经单独管理店了，我心里还是有些不平衡，甚至感觉到极大的不公平。总觉得具有很强优势的我，每次都会经历不一样的关口。

一路走来，我这个自命不凡的人，总是被现实当头棒喝，让我反复不断地思考与总结自身的问题。

好事多磨，这是对我的考验。如果不能用很好的心态面对失败，那就会自己把自己打败，谁都帮不了自己。所以，我现在要做的事情，就是调整好自己的状态，全力以赴地把工作做好，争取下次A级店评选过关。

《智慧与成功》杂志评价马云时说："马云之所以创造神话，在于他做到了三点：一是永远想办法保持自己的激情；二是永远相信自己的眼光；三是永远懂得自己想要什么，应该放弃什么。"这些话语值得我学习。

首先，我相信我的眼光，选择海底捞绝对没错；其次，在面对失败的同时，要时刻保持自己的激情；最后，我懂得我想要的，就是在海底捞做到高层。

我要选择磨炼，放弃安逸。"乘风破浪会有时，直挂云帆济沧海"，总有一天，我会实现自己的目标。

【回头望——自我感悟】

说起来简单，但做起来难，A级店落选，其实自己内心已经严重不满了。

2. 居安思危

优秀员工标准

2009 年
9 月 17 日

员工的工资又涨了，大家都挺高兴的。公司对大家这么好，那大家就应该更好地为公司服务，创造更多的价值。管理层应该带领大家由普通走向优秀，由优秀走向卓越。通过这段时间的管理实践，结合公司的考核标准，我总结出优秀员工的标准如下：

一是责任心要强。

- 工作中带动性强：用心度高、热情度高、积极性高、主动性强。
- 敢于指正不良现象。
- 积极反馈问题及信息。
- 帮助其他同事，具有带徒弟的能力。

二是业务熟练。

- 快速准确。
- 创新能力强。

三是顾客满意度高。

- 以客人为中心。
- 具有相当数量的感动案例。
- 工作的投入度高。
- 服务的真诚度高。

• 现场与客人的互动氛围好。

如果一个员工能做好这3个方面的工作，那么不但可以做到优秀，还可以达到卓越。我们要抽时间按这个标准对员工进行培训，让大家的服务技能和工作状态不断地得到提高。

【回头望——自我感悟】

海底捞会不断地给大家涨工资，让大家获得同行业顶尖的收入，同时也提出比同行更高的要求。

“员工工资高时，企业成本最低。”这句话看似有些毛病，其实不是。当员工获得高工资时，一方面可以挑选更好的人，另一方面可以进行更好的管理。

无论是让优秀人才进来，还是让员工更努力地工作，都会更好地提升顾客满意度。

管理反思

2009年
9月22日

“客人是一桌一桌抓的，员工是一个个凝聚的。”

就是在管理的过程中，公司对员工要做到把员工的小事当成大事来完成；就是要重视员工的建议、想法、意见并及时回复，要重视员工的情绪变化，重视员工的需求；就是要把客人的小事当成大事来完成，挖掘客人的潜在需求，重视和全力满足客人的显性需求，重视客户的意见和建议。

管理人员要站在客人和员工立场考虑问题，做到诚心交流、真诚关怀、用心体会。任何一个管理人员，只要以这样的理念为指导，并想尽一切办法做到，本职工作一定能取得很大突破。

在管理中，我还是有很多不足。

在分析客人及员工上还不到位，现场激励做得也不是很到位。

尤其是1分钟表扬、1分钟批评、1分钟目标设定运用得不是特别娴熟。在工作中，用1分钟表扬做好现场激励，可以取得事半功倍的效果。

【回头望——自我感悟】

在从事管理工作时，你懂得某些道理，不等于你能做到。真正有效的管理，是把自己知道的做到，并把自己不知道的干明白。

片区例会

2009年
9月29日

今天参加了北京片区的例会，袁哥在会上讲了一段话让我感触很深。

“所有的绩效考核、A级店评选和升迁考，都是为了找到和建立一套培养后备、提高顾客满意度和传递企业文化的方式和技巧。”

“当你越着急，越有危机意识，你的办法也就会越多。”

这两点道出了我们所做工作的目的和意义。

绩效考核的开展、升迁考的执行、A级店的评选，几乎都是今年开始的，大家无形中增加了工作内容，感到更大的工作压力。有时候，我们不免会出现工作形式化的问题，为了完成任务而勉强执行，这样就失去了应有的意义。

今天，袁哥在会上再次明确我们做这些工作的目的和意义，使得大家的思路更加清晰。

对海底捞来说，培养更多优秀的后备干部是首要的任务，只有培养出更多的后备干部，才能保证客人的满意率，才能更好地完成企业的三大目标，将海底捞优秀企业文化传承下来。

现在店面多了，要做到这几点，光靠经验和要求已经不行了，公司必须有一套完善的流程和制度。

绩效考核、A级店评选和升迁考在这样的条件下产生，尽管有许多的不足，但这是一次转型，对公司未来能否快速发展起着关键的作用，对此，我们应全力支持。

【回头望——自我感悟】

每一次变革，都需要经过反复的推敲、沟通和尝试。领导得一遍遍地给团队讲，让大家理解和明白，以达成共识。

变革是一件非常困难的事情，没有轻而易举的成功。

服务问题

2009年 10月9日

我们的生意很好，没有几个企业能做到我们这样，客人吃饭像不用花钱似的，花几个小时排队。

可我们的风险也很大，一不小心就会出问题。今天生意好，不代表明天可以过得很自在，每个海底捞人都应该有这种危机意识。

今天出现的几个服务问题，让我感到内疚。

服务问题一

46号和47号拼桌，因为人多，客人坐的凳子都换成了圆凳，其中有一位八十多岁的老人也坐着一个圆凳。我们的员工和巡台的领班居然都没有去给老人换一个安全点、舒服点的凳子，似乎也没有意识到问题的严重性。可以肯定地讲，员工知道老人家坐的是圆凳，但他们没有采取措施，似乎觉得人多就应该坐圆凳，谁叫你们来这么多人，你们不舒服跟我没关系，由此可以看出大家的服务意识不够好。何况，老人家坐圆凳非常不安全，出了事情谁能承担得起？

服务问题二

在八厅，一名传菜员把烟灰缸打翻在地上了，声音很大，明显骚扰到客人了。而我们的当台服务员却毫无所动，并没有第一时间给客人道歉，只是“淡定”地看了一眼，然后继续忙自己的。做出这种无视客人感受的行为，实在很难想象她是海底捞的服务员。

服务问题三

五厅腾出来了一个空位，排队客人不按号先抢了位子。我们的迎宾人员跑到客人面前，面无表情地告诉客人这里是别人的位子，态度很不好。客人排队吃饭，这不是客人的错，是我们自身无法满足客人的需求，我们应该感到愧疚才对，而不应该用生硬的态度对待客人。

服务问题四

22号桌有两位客人把衣服挂在椅子上，值台的是我们的优秀员工，却没有把客人的衣服用衣套套上。

以上的服务问题，说明员工的心思没有放在客人身上，工作的投入不高，更别说在工作中运用授权给客人提供创新性的服务。

这让我想起前段时间的三个优秀服务案例。

优秀案例一

一位客人就餐时，不小心把自己的舌头咬了。我们的员工及时将这个信息上报，给客人准备了粥品，并申请把客人的单免了。客人没想到，自己咬了舌头还能免单，因祸得福，笑口大开，最后成了我们忠实的客人。

优秀案例二

有一位客人，拿凳子不小心，把手夹了。我们的员工亲自带客人去医院，跑前跑后，费用都是我们给出的，还把客人的单免了。客人非常高兴，找到我们的服务员合影留念，并且在网上对我们的服务进行了宣传。

优秀案例三

前几天，北大的十多位校友选择在我们店聚会。来就餐时，已经没有位子了。等了一个多小时，大厅腾出来一张大桌，可客人看到是在大厅，嫌太吵就去了别的饭店。让别人等了一个多小时，结果还没吃上饭，我们心里很愧疚。客人走时，我们帮客人掏了打车费。后来知道，他们中间有一位正好过生日。于是，我们确认了客人就餐的饭店后，准备送给客人一些礼品问候一下。师傅徐姐让我买了一束花，拿了500元代金券，并为随同大人就餐的两位小朋友分别准备了一个小礼物。当我带着鲜花、小礼品来到就餐现场，向客人表达完我的来意后，他们感到异常惊讶，稍稍停顿了一下后，包间里响起了热烈的掌声。我再次代表海底捞对他们表示了歉意。客人听后说："以后我吃饭就选海底捞，绝对不去别的地方！"

这样三个案例或许说明不了什么，但今天的老顾客都是靠我们细心服务得来的。而现在有些员工似乎感觉客人来得太容易，开始出现一些不珍惜客人的行为，这是非常可怕的。

针对现在的服务问题，公司必须加强培训，并对相关服务意识不强的员工进行处理，不能任由忽视客人的现象在我们的团队中蔓延。

【回头望——自我感悟】

客户体验的好坏，直接决定着客人是不是满意。

客户体验由企业提供的服务、产品和环境综合构成，这三个关键点中任何一个出问题，都会损伤客户的满意度。

袁哥巡店

2009年
10月17日

袁哥今天来巡店，与我进行了沟通。

他给我讲，要拿A级店，必须要找到自己的"短板"并一个个地解决掉，不能让团队中有任何"污点"。

他说，只有让所有的优秀员工都承担起责任，发现问题并解决问题，像店经理一样地去做工作，等于说店里面有许多店经理在工作，这样工作才能干好。

这点我非常认同，让员工都像店经理一样去工作，我们就相当于有两百个经理在门店工作，那有什么问题解决不了？什么任务不能完成？

那么如何让员工像经理一样地工作呢？我想就是要做好员工的思想引导和激励工作，由"要我干"转变成"我要干"。

袁哥还给我讲了"无声服务"与"多余服务"问题的处理方法。例如，客人拿着空啤酒瓶冲服务员晃动，而客人旁边还有酒，员工跑过去问客人需不需要开酒，这就是“多余服务”。我们完全可以去做给客人直接把酒打开的“无声服务”。

这也让我想起了“针对性服务”和“过度服务”。有些情侣在一起就餐聊天，我们的员工为了体现热情，就不停地去打扰别人，心是好的，但方式不可取，服务过度就等于服务不好，“100－1＝0”。

要真正做到“无声服务”“针对性服务”，我们还需要加强培训和学习，这必须从领班抓起。针对这个问题，我将领班每天的重点工作整理如下：

第一，保证本组客人的满意率。

第二，客人信息的传递。

第三，质量事故信息的传递。

第四，深入抓细节服务。

第五，发现优秀及反面案例。

第六，客人特殊需求的满足。

第七，本组授权的运用及事后分析。

第八，协助做好合理点菜及退菜工作。

【回头望——自我感悟】

让员工像店长一样去操心，哪里还有做不好的？然而，要做到这点，需要极强的领导力，并通过机制去激发员工的责任感和事业心，最终由员工“要我干”转变成“我要干”。

“无声服务”与“多余服务”这是服务业要关注的重点问题，不能出现过度服务让客户感觉被打扰。

3. 向优秀企业学习

给教授讲课

2009年
11月7日

中央财经大学的于教授带着他的十几个博士生来店考察，用餐前，让我给他们讲企业文化。

这可真是班门弄斧呀！

感觉这些人就是不一样。他们很客气，不管我讲得好与坏，都会给予热烈的掌声。

最近来我们这里考察的单位和个人很多。他们每次来，都会让我们的管理人员给他们讲海底捞的企业文化，以及海底捞员工能如此热情工作的原因。对此我心里感觉特别自豪。

《哈佛商业评论》刊登了黄铁鹰教授的《"海底捞"的管理智慧》以后，北大光华管理学院又邀请董事长张大哥于 6 月 6 日前往学校讲授"海底捞的生意经"，进一步扩大了海底捞的影响力。

每一个海底捞人都会为海底捞如今的影响力和社会地位感到骄傲。同时，大家身上也会有更强的使命感。因为社会如此关注我们，我们更应该把工作做好，不负众望。

在自豪的同时，我也很清楚，我个人没有多了不起，是海底捞这个平台塑造了我。站在海底捞这个平台之上，中央财大的教授愿意来听我讲课，这并不代表我的水平有多高，我千万不可因此而自大。

张大哥并没有上过大学，他今天可以站在北大光华管理学院的讲台上，去给其他企业高管讲课，他当初应该也没有想到。

这是一份荣誉，也是社会对他价值的认可。

我们没有做什么惊天动地的大事，张大哥也没有，海底捞只是把火锅卖好了，把一些人性深处的善挖掘出来了而已。这让我懂得，所谓的成功，并不一定非要干什么轰轰烈烈的大事，只要认认真真地把手头的小事做到位，合乎天道、合乎人性、合乎品德，这就是一种成功。

我们的企业文化核心就是踏实做人、认真做事。先做人、再做事，没什么特别高深的理论。只是从上至下大家对企业文化都很"信"，并在工作中将企业文化执行到位。

我们不像某些企业，墙上挂满了口号，但口号只是喊给别人听，或用来唬唬人而已。

在我们的团队中，"真诚"至上，"踏实"至上，笨点儿都没关系。

我们的团队中没有复杂的人际关系，大家彼此也没有时间去经营复杂的关系，因为我们的心思都集中在一个目标上，那就是用双手改变命运。团队中的管理人员，会尽自己最大的力量，去帮助员工成长进步，这是一件很快乐的事情。

没有什么比帮助别人改变命运更有价值的了。

【回头望——自我感悟】

当一些大学教授、同行、其他行业的企业不断地跑来学习，还让你去分享文化和管理，这时候，人很容易就飘掉，还真以为自己多牛。

海底捞的成功，就是把一件件小事坚持做透，成就了今天的商业规模。

直销培训的反面启示

2009年
11月21日

我大学一年级时，在公交车上认识了一个自称开公司的中年男子。他热情地邀请我去他们的公司听课。去了以后才知道，那家公司是做直销的。

会场里那种变态的令人发麻的激情，着实让我大开眼界。带着排斥的心态听完他们的课，我就匆匆地离开了。

今天我突然想起了直销培训会场。应该说，他们的培训与营销是值得我们思考的。如果一个非直销的企业，能将类似的激励手段和培训方法引入工作中，那将是了不得的一件事情。

培训中引入大量的现实案例，并且娱乐化，让人易于接受也乐于接受。几乎只使用赞美，少有批评，很多在现实生活中没有自信的人，在那个场合也能找回自己的自信。在互动时，无论男女老少都会表现出自己的激情。哪怕自己的业绩再不好，但自己好的精神状态一定要表现出来。

下一步，我要将一些方法，运用到自己的管理过程中，真做到了，可能会取得事半功倍的效果。

每次经历都会有一份收获，不放弃任何一次经历和尝试的机会，并不断地学习总结，这才是真正的学习力。

【回头望——自我感悟】

很多人排斥直销，把直销当洗脑。其实直销有很多值得反思的管理方式，它的营造氛围的能力、运营机制，在一定范围内，是值得学习的。

在我们日常管理中，大多数管理者，批评多于赞美，否定多于认可。这样的管理模式，怎么可能激发团队的热情？

基层管理的境界

2009年
11月29日

今天跟前厅领班进行了沟通，为他们列出了近期工作的目标：培训员工绩效考核事宜，总结自己的领班管理经验。

我认为，领班是基层工作的执行者，又是基层工作的管理者，他们能否清晰认识自我，决定公司指令能否做到绝对执行。

领班工作包括三个方面：

第一，把自己的事情做好。

第二，带领大家把事情做好。

第三，帮助员工成长。能帮助员工成长的是最高境界的基层管理者。

但很明显，现在还有大部分领班做不到。忙起来的时候，领班很容易陷入事务之中，而无法站出来发现问题。

领班的管理能力有限，因为他们刚从优秀员工步入管理层，有些人甚至还没有完成角色转换，仍然把自己当员工看，没有做过管理工作，需要今后好好引导。

【回头望——自我感悟】

掉入事堆中，是管理者的大忌。管理者，一定要从事堆中抽脱出来，真正履行管理职责。

基层管理者很容易回到舒适区里去，做自己擅长的工作，而不能很好地履行管理职责。

沟通培训

2009年
12月3日

参加了邵志东先生的“高效工作与职场沟通”一天的课程，收获非常大。

公司能花重金请他来给我们做培训，真的对我们很重视，我们应该感恩公司。在培训中，邵老师对于我们的表现非常认可，他常说的一句话是：“不愧是海底捞人！”

参加完培训，我对沟通有了更深一步的了解，也找出了自己在人际沟通中存在的根本问题。

马克·吐温讲：“上帝给了我们两只耳朵一张嘴，这是有原因的。”

卡耐基讲：“做个听众往往比做一个演讲者更重要。专心听他人讲话，是我们给予他人的最大尊重、呵护和赞美。”

许多人都喜欢发表自己的看法，而忽略别人的看法；都想让别人认可自己的话语，而对别人所讲不屑一顾；都喜欢做演讲者，而忽视倾听的重要性。

邵老师讲到了沟通中容易产生的四大弊病：

第一，价值判断。对他人的意见只有接受和不接受。

第二，追根究底。依自己的价值观探察别人的隐私。

第三，好为人师。以自己的经验提供忠告。

第四，想当然。根据自己的行为与动机，衡量别人的行为与动机。

这四大沟通弊病，讲到人的根儿上了，稍不留神，就会出现四种中的一种，甚至四种都出现。别人和我们沟通不顺畅，原因就是我们爱进行价值判断、爱追根究底、好为人师、爱想当然。只有多听少说，才会形成良性沟通。

在管理的过程中，管理者有时会把员工当傻子一样，拎着员工讲个没完没了，都是“我怎么怎么着”之类的话，完全不顾及员工到底怎么想，他们需要什么。

沟通是管理之本，也是人际交往之本，形成良好的沟通习惯无疑会让我们如虎添翼。

【回头望——自我感悟】

沟通最重要的并不是说，而是聆听。但一般管理者，都会把说当成沟通，把告知当成沟通。

邵老师现在也是海底捞核心高管，主持海底捞信息化工作。

4. 离别海底捞

出 水 痘

2009年
12月9日

12月6日，海底捞进行2009年最后一次A级店评选的检查。可就在6日这天，我出水痘了。

当天早晨，我上班带领员工打扫卫生时，突然感觉天旋地转，一下子站不稳了。徐姐让我去诊所看一下。医生给我的诊断是感冒发烧，给我打了退烧针，并开了一些口服药。

回宿舍休息一天后，没有任何起色，而且感到越来越严重，头上、背上出现了大量的水疱。宿舍王阿姨带我去了另一个诊所，诊断是出水痘。

第一个诊所的误诊，险些要了我的命！出水痘时不能降烧，而他给我打的针、吃的药全是退烧的，由此导致水痘出不来，这是很容易出事的。现在想想，真是后怕。

出水痘了怕风寒，不能出门，只能躺在宿舍里养病。公司领导正在店里进行A级店评选检查，我却不能上班，心里有股说不出的郁闷。

员工看我生病了，带着各种营养品和水果来看我，看到大家关怀的目光，一阵阵暖流在心里沸腾起来。在这个紧要时刻，我不能帮上大家，反而成了累赘，心里很过意不去。

宿舍王阿姨每天那么辛苦，还要去店里帮忙，现在又增加了一项工作，给我准备清淡的饭菜，还要照顾我。看到王阿姨喘着粗气给我带回来吃的东西，我心里非常难受。

每天在宿舍里待着，真是一种煎熬。我很想去上班，但却不能。这次检查对我们来说太重要了，而我却不在现场，起不了任何作用。把所有的压力都压到了师傅徐姐的身上，对此我心里充满了负罪感。

出水痘一般都是在儿时，没想到我一个二十多岁的人还出痘。有朋友跟我开玩笑说："这是好事儿呀！说明你有大喜之事！"也许朋友说的是对的，这次的 A 级店评选，也许能顺利过关。

【回头望——自我感悟】

自己希望的好事并没来，而是更糟糕的结果。

很多事情会偏离你的预期，学会平常心面对，才能迈过一道道坎。

"双十二事变"

2009 年
12 月 12 日

朋友预测，我这次出水痘会有大喜之事，可结果却是大难！

A 级店评选结果出来了，我们还是没通过。

徐姐给我打电话时怕我有想法，一直安慰我。然而没通过也罢，但没通过的理由却特别令人气愤。我听了以后，火气顿时涌上来，马上要找检查负责人上海片区经理张哥理论，结果被徐姐劝了下来。

没有通过 A 级店的理由如下：

第一，后堂经理一直没换。

第二，我的现场协调能力欠缺。

第三，我的脾气不好。

第四，我“抓”客人的能力不强。

而石景山店这次却通过了A级店评选。他们的后堂经理在我刚进海底捞时就在担任这个岗位，他们也没有后备啊。而我们的后堂经理一直没换，竟然成了A级店评选不能通过的理由之一，这让我无法理解。

他们来检查时，我因出水痘没上班，他们从来没有看到过我现场协调工作，却给我安了一个协调能力欠缺的评价。

这种道听途说的理由，真让我觉得不可思议。说我的脾气不好，但袁哥的脾气更大，他怎么就可以当大区经理？而脾气不好竟然成了我们A级店评选检查通不过的理由，简直是莫名其妙！

说我“抓”客人的能力不强，我承认自己做得不够好，但这构不成A级店检查通不过的理由吧？因为管理人员毕竟是通过管理团队“抓”客人，不是个人去“抓”客人，如果管理人员把员工的事情都做了，那还叫管理吗？

员工们听到他的这些评价后，也跟我要他的电话号码，要找他理论。我挡住了。我说，还是我自己去理论吧！冷静下来以后，我觉得与他理论已经没有任何意义了。算了，我放弃任何抗争。

【回头望——自我感悟】

这个张哥是张大哥的弟弟，算是空降海底捞。

对海底捞文化的不了解，对业务的不了解，却去评选A级店，这真是一次荒唐的事件。

而他这个毫无道理的评价，让我产生了强烈的离职想法。因为他完全破坏了海底捞的公平公正，过于自我和主观的评价，让我无法接受。

申请辞职

2009年
12月18日

张哥在这次A级店评选检查中的评价,催生了我离开的想法。我决定离开海底捞。

当我把想法告诉徐姐后,她把我叫到她家进行了深谈。我把心里所有的想法都告诉她了,开诚布公。

徐姐说:"这样辞职,肯定有很多人会不理解。你好不容易取得今天的成绩,现在放弃太可惜了。离开海底捞,还能有这样好的企业供你选择吗?海底捞花这么大力气培养你,这么走了,有些不感恩。"

我对徐姐说:"任何一个人都不会在一家企业干一辈子。这次离开海底捞,并不仅是因为A级店评选没有通过。我想到社会上闯闯,学习更多的东西。也许我会碰壁,把自己碰得头破血流,但这种经历是非常必要的。"

徐姐说:"你将来会后悔你的选择的。"

也许我会后悔。但是每一种经历都是一笔财富,没有绝对的好与坏。30岁之前我要好好地闯荡一下,经历一些磨难与痛苦,对自己以后的人生来说,也是有必要的。

这次的离开,未能评上A级店只是一个诱因而已,真正的原因还是自己想多历练一下自己。脱离海底捞这样一个单纯的环境,也许可以得到更丰富的阅历。

马云讲:"有一个梦想以后,你要经历每一天的痛苦、每一天的积累。没有谁一开始就会成功。"为了实现自己的梦想,即使吃点苦也没什么。离开海底捞,做好准备,去迎接更多的挑战和磨难。

【回头望——自我感悟】

其实自己没有真实地面对自己，一方面是觉得不公，另一方面是外面有人挖。

但离开并没有错，让我更好地体会到社会的残酷，更能适应社会。海底捞的文化相对简单、友善，真实的社会会更复杂。

多种经历，产生多元视角，这也成就了今天的我。

5. 难说再见

北大蹭饭

2010年
1月6日

原以为无法面对的辞职，就在空荡荡的感觉里向领导申请了。

这几年闷在北京太久了，终于有时间游览一下云贵高原的名山大川了。袁哥让我去北京找他。我简单收拾了一下行李，特意坐飞机来到北京。

我得把自己的一些想法告诉他，说清楚了，心里就踏实了，不然总觉得像亏欠了什么似的。

明天去见袁哥，今天去北大见了大学同学国栋。国栋带我在北大的校园里转了转。到处都是积雪，未名湖上有许多人在滑冰，充满了欢快的笑声。外面很冷，我们转了一会儿，就去了教学楼，找了一个阶梯教室看书聊天。

上大学时，国栋学的是公共事业管理。我们经常一起打乒乓球，他的学习成绩也不是特别起眼。平时大家玩的时候，他也在玩，但毕业临近时，这小子竟然以全国二十多名的成绩，考入了北京大学法学院研究生院，着实让同学们大呼意外。

我也很羡慕北大，这里的学习氛围非常好。现在这个时间，其他学校的教室里肯定没多少人，可北大教学楼的教室里却人满为患。

下午吃饭的时候，国栋出了个馊主意。他说："试试你的魅力，你自己去找美女借饭卡蹭饭,敢不敢?”

我以前还真没干过这种事,但这个主意还真是有挑战性。于是,我按他的要求,去找那些美女大学生借饭卡买饭。很快,我就借到了,而且那个女孩还很客气。

我打完饭来到国栋面前,很自豪地炫耀道:“看,我的魅力还不错吧!”有时,突破一些常规,会使原本平淡的生活湖面,泛起意想不到的美丽涟漪。

【回头望——自我感悟】

有些时候去干一些有趣有意思的事情,挑战自己也不错。

原来总因为自己的母校不够好,羡慕北大,后来也就慢慢释然。当然自己读完 EMBA 班,并去北大讲了几次课后,然后就开始羡慕哈佛,立志有一天能到哈佛讲管理。

与袁哥沟通

2010 年
1 月 7 日

袁哥正在读北大光华管理学院的 EMBA 课程。

他下课后,我们在光华管理学院休息厅进行了沟通。他说我太浮躁,让我回来上班。

整个沟通过程都是他在讲。我本想将自己的一些想法告诉他,但都没有机会。

最后,他说:“如果实在要走,袁哥不强留你,我会给你保留职位,随时欢迎你回来!”听完最后一句话,我心里挺感动,眼里泛起了泪花。

沟通结束后，我独自一人从光华管理学院走出来，感觉轻松了许多。

学院外面的积雪还没有化掉，很冷！想着去放松一下，坐上地铁就来到西直门。好久没有去游戏城玩电玩了。索性待在嘉茂商城的游戏城，把自己喜欢的碰碰车、架子鼓、开汽车、投篮等项目挨个玩了一遍。从游戏城出来，身上冒着热气，很过瘾。

晚上就要回家，我将心里没有说出的一些想法，用短信发给了袁哥。他回复我："谢谢你的真诚与坦率！"

【回头望——自我感悟】

袁哥对我来说，亦师亦友，真的很感谢他，让我学到很多。

稻盛先生的激励

2010年
1月16日

我拿起稻盛和夫的《活法》反复地看，摘抄了一些喜欢的句子来激励自己。

"拼命地工作可以磨炼灵魂。""天天反省也能磨炼灵魂、提升人格。为了获得美好的人生，通过每天的反省来磨炼自己的灵魂和心智是非常重要的。""竭尽全力拼命工作，再加上'天天反省'，我们的灵魂就会被净化，就会变得更加美丽、更加高尚。"

一盏明灯，在人生的暗夜中照亮了脚下的路，未来是明确的。至于还有多远的路，已经不再重要，重要的是我可以通过生活中的点点滴滴、生命的每分每秒去实践、体会、感悟、反思、总结、升华。

【回头望——自我感悟】

那个时段，稻盛和夫的《活法》，成为我最大的激励。

海底捞的恩情

2010年
1月20日

徐姐一直要我家的具体地址。

我心中有些顾虑，就一直没告诉她。最后她又让别的员工侧面问我家的地址。没办法，我只好把我姐家的地址告诉了她。

后来才知道，她给我爸妈寄了些四川香肠和腊肉拜年。

区域经理林姐准备带些礼物去我家里家访，但最终没去成，就把礼物放在西安海底捞办公室，打电话让我去取。我因比较忙，就一直没有去。还好，林姐没去我家里，如果去了，真不知道该怎么面对她。毕竟，她为了培养我也付出了不少的心血，但最终我还是让她失望了。

徐姐打电话劝我回去。她说，上次A级店评选确实出现了问题，有不客观、不公正的地方。现在，A级店评选检查小组已经在海底捞办公自动化系统平台公开检讨，并进行了相关的处理，你回来咱们再拼一次。

我听到这个消息，看了那封检讨信，很感动。我的眼睛有些湿润，自己确实太渺小。

我被各位领导的胸怀深深地折服。我离开海底捞的时候没有办理离职手续，工资也没去结。本来只上了几天班，然后就生病了，然而公司却给我发了整月的工资，年终奖也全额发给了我。最让我意外的是，公司决定每月给我卡里再打两千块钱。我有些吃惊！我根本就不能要这个钱。

海底捞培养了我，我还没有创造更大的价值就选择离开，哪好意思再去拿公司的钱？而且不是自己努力工作的回报。徐姐让我必须拿。她告诉我说，公司感谢你把自己的青春奉献给了海底捞，是公司的决定，你必须拿！

我不知道该如何去面对公司及用心培养我的人。想着这些事情，我眼一热，眼泪差点夺眶而出。我突然想回去！我觉得我亏欠海底捞的太多太多，也对不起那些一心培养我的海底捞前辈。我似乎为自己这次的离开而懊悔万分。我能离开海底捞吗？

【回头望——自我感悟】

我走后，海底捞在 OA 平台上公开检讨这次 A 级检查的问题，承认过于主观，没有很客观地呈现成绩。

这也体现出一个企业的胸怀，当出问题时能主动承担并检讨，不容易。

即使我离开，原来的上级依然真诚地关怀着我，没有因为你的离职而反目成仇，让人真的很感动。最后，差点就回去了。

但最终，我选择继续在社会上闯荡，没有回去。